COTTON TIME
150
シリーズ

実物大
型紙
つき

【商用OK!】
布こものレシピ
150

「手作りは好きだけれど、オリジナルデザインには自信がない」
「バザーやフリマ、ネットショップなどで
手作り作品を販売することに興味はあるけれど、
何を作ったら売れるのかわからない」と二の足を踏んでいた方は、
この一冊がきっとお役に立つはずです！

この本に掲載している150点の作品は、
すべて人気作家さんが「作って販売してもいいよ！」と、
レシピや型紙を特別に提供してくれたものばかり。

たくさん作って販売して、手作りのもう一つの醍醐味を味わってください。
ゆくゆくは自分のオリジナリティをプラスして……。
夢はどんどん広がります。

主婦と生活社

Contents

- **Chapter 1** — 3 　注目度ナンバー1！
  ## 必ず売れる大ヒットアイテム42
  - 18 　ボディバッグを作りましょう

- **Chapter 2** — 22 　パパッと作れる工夫がいっぱい！
  ## 量産OKアイテム26
  - 34 　ぺたんこがま口を作りましょう

- **Chapter 3** — 39 　センスが光る布づかいも必見！
  ## おしゃれデザイン19
  - 48 　メンズライクなキーケースを作りましょう

- **Chapter 4** — 54 　かわいい＆かしこいアイデア大集合！
  ## ユニークデザイン23

- **Chapter 5** — 62 　時短が叶うデザインも！
  ## 素材が主役の個性派グッズ22

- 36 　思い立ったらすぐできる！
  ### 超簡単小物8　〜おうちグッズ編〜
- 50 　思い立ったらすぐできる！
  ### 超簡単小物10　〜アクセサリー編〜
- 52 　デフトバンを作りましょう

- 71 　How to make　作り方
- 166 　実物大型紙
- 184 　ハンドメイド販売のルールQ＆A

この本の掲載作品を作って販売するときのお願い

この本に掲載している作品は、作者より「個人的に複製した作品の販売を許可する」旨の了承を得ています。ただし、作品を販売したり、SNSに投稿したりする際は、下記の文言を明記してくださるよう、お願いいたします。

作品名／作者名／『【商用OK！】布こものレシピ150』（主婦と生活社）掲載

Chapter 1 注目度ナンバー1！
必ず売れる大ヒットアイテム42

心を込めて作った作品が売れたときの喜びはひとしお。
どんなものを作れば人気が出るのか、迷ったらまずはここから選んでみて！

[定番の売れ筋ポーチ]

1 /150

ふっくらハートのポーチ

ストライプ地の大人っぽさと、わたを入れてふっくらさせた可愛いハートの取り合わせ。母の日のギフトにも◎。（Design／田巻由衣さん）
でき上がりサイズ：約縦14.5×横15㎝、まち幅約6㎝

作り方 ➡ p.72

2 /150 **3** /150

トートバッグ型ポーチ

シンプルなフラットポーチも、超ミニサイズのこんな形なら注目度抜群！　柄×無地の色合わせがポイントです。（Design／田村郁子さん）
でき上がりサイズ：**2**（小）約縦14.5×横16㎝
3（大）約縦14×横21㎝

作り方 ➡ p.72

裏布には表に使った無地を使って、時短＆コストダウン。

窓ファスナーのポーチ

窓ファスナー仕立てにすることで、ファスナー端が美しく仕上がり、時短にもつながります。アレンジも自由自在！（Design／平松千賀子さん）

でき上がりサイズ：
各約縦12×横14.5cm、まち幅約4cm。
14cmファスナー使用

作り方 ➡ **p.74**

5/150 サイズを変えて ペンケースに

深さを変え、まち幅を3cmにしてスリムなペンケースに。

（でき上がりサイズ：
約縦7×横17.5cm、まち幅約3cm。
16cmファスナー使用）

6/150 持ち手をつけて ミニバッグに

ファスナーに持ち手を仮どめして縫い挟めば、バッグの完成。

（でき上がりサイズ：
約縦18×横17.5cm、まち幅約8cm。
20cmファスナー使用）

7/150 脇をたたんで キャラメルポーチに

ファスナー端が脇にこないので、キャラメルにたたみやすいのもメリット。

（でき上がりサイズ：
約縦7×横11.5cm、まち幅約7cm。
14cmファスナー使用）

キャラメルポーチの作り方POINT

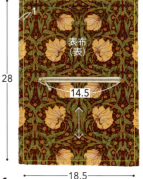

1 左右写真のようにファスナーを縫いつけたら、表布・裏布同士を中表に合わせて底のみを縫う（裏布は返し口を残す）。※タブを付ける場合は、底を縫う前に表布に仮どめする。**2** 写真のように蛇腹にたたみ、表裏いっぺんに脇を縫う。表に返し、返し口をとじて完成。

[定番の売れ筋ポーチ] Chapter 1

まぁるいぷっくりポーチ

上品なレース使いと、まぁるい形が大人気。カーブしているので、ファスナー付けは手縫いのほうが仕上がりがきれいです。
（Design／平松千賀子さん）
でき上がりサイズ：各約縦16×横16cm

作り方 ➡ **p.74**

8
150

ワンポイント刺しゅうのミニがま口

コインが数枚入る程度のミニがま口には、立体的な刺しゅうで個性をプラス。チェーンをつけてバッグチャームにしても素敵です。（Design／渡部友子さん）
でき上がりサイズ：各約縦6.5×横7.5cm

作り方 ➡ **p.73**

小さいから、あっという間に刺せる。

9
150

10
150

11
150

［形いろいろ ミニポーチ＆ケース］

手のひらサイズの アクセサリーケース

アクセサリーなどの収納に役立つ、ボックス型のミニケース。リバティプリント＋モチーフレースで上品に。（Design／清水友美さん）

でき上がりサイズ：（閉じた状態）各約6cm四方

作り方 ➡ p.75

12
150

ミニミニポーチ

台形のユニークなフォルムが、注目度抜群のバッグ型ポーチ。大きなバッグの持ち手に下げても可愛い！
（Design／岸 千栄子さん）

でき上がりサイズ：約縦4.5×横14cm、まち幅約6cm

作り方 ➡ p.76

元は

こんな形！

表・裏布を縫い返し、あとから側面を縫いとじる仕立て。底に厚紙を入れているので型崩れもなし。

13
150

Chapter 1 [形いろいろミニポーチ＆ケース]

まんまるキノコちゃんポーチ

小さな顔と、キノコの傘のようなヘアスタイルがキュート。刺しゅうで描く顔の表情で、遊び心をプラスして。（Design／牧野智恵さん）

でき上がりサイズ：
14（大）直径約14cm、15（小）直径約12cm

作り方 ➡ p.78

後ろ面にあるファスナーで開閉。大は12cm、小は10cm長さを使用。

ドロップバネポーチ

パンツのようにカーブをした個性的なポケットと、ストライプ地の使い方にご注目。バネ口なので開閉も片手でラクラクです。（Design／山田洋美さん）

でき上がりサイズ：各約縦18.5×横12.5cm、まち幅約3cm

作り方 ➡ p.77

ストライプ地の方向を、まちと側面で変化させている。イヌプリントも個性的。

[バリエ広がる巾着]

まあるい巾着

半円形の本体のひもを絞ると、まん丸に。ひもを通す口布が別づけなので、布合わせも楽しめます。
（Design／猪俣友紀さん）

でき上がりサイズ：
各約縦10×横16cm

作り方➡p.78

1 前・後ろ面の布を変えるなどアレンジも自在。**2** 口布にストライプや無地を選ぶと、引き締まった印象に。

スクエア巾着

底をスクエアにしたキューブ型が新鮮。コロンとした見た目はもちろん、安定感があって使いやすいのも魅力です。
（Design／hanacoさん）

でき上がりサイズ：（大）約縦14×横12cm、まち幅約12cm
（小）約縦12×横10cm、まち幅約10cm

作り方➡p.79

底とまちを縫う際、はぎ目をそろえて角を出すのが見栄えよく仕上げるコツ。

[バリエ広がる巾着]

リバーシブルの巾着

口を大きく開くとトレイにもなる巾着。口布にひもの滑りのよい布を使えば、本体はウールなどを選んでもOK。(Design／猪俣友紀さん)

でき上がりサイズ：
19（開いた状態・大）直径約28cm
20（開いた状態・小）直径約10cm

作り方 ➡ p.80

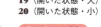

リバーシブルで使えるので、裏布選びにもこだわりたい。

フルーツ形の巾着

手触りのいいボアで作ったフルーツ形の巾着は、子供にも大人気。元気なビタミンカラーに目がとまるはず！
(Design／菊池明子さん)

でき上がりサイズ：
21・22（リンゴ・ミカン）各約縦19×横22.5cm
23（イチゴ）約縦25×横29.5cm

作り方 ➡ p.80-81

1 後ろ面にはフルーツ柄を使って遊び心を。**2** フェルトの葉っぱは、葉脈をミシンで表現。

［アイデアいっぱい 実用小物］

じゃばらミニ財布
お金やカードがスッキリ収まるじゃばら財布。驚きのテクで4つのポケットがあっという間に作れます。（Design／けーことんさん）
でき上がりサイズ：各約縦7×横12cm
作り方 ➡ **p.82**

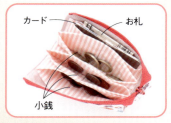

カード　お札　小銭

ポケットは、アイロンでしっかり折り目をつけて作るのがコツ。

24
150

大きなリボンのお弁当袋
リボンがポイントのお弁当袋は女の子に喜ばれそう。柔らかい素材を選ぶと、リボンがかわいく結べます。（Design／竹内摩弓さん）
でき上がりサイズ：各約縦16×横18cm、まち幅約10cm
作り方 ➡ **p.84**

OPEN！

25
150

Chapter 1 ［アイデアいっぱい実用小物］

コインスルーウォレット

上からお金を入れると、小銭だけ下のポケットに収まる斬新アイデア！ スマホショルダーと合体させて、ますます便利に。
（Design／田巻由衣さん）

でき上がりサイズ：
約縦17×横10cm、まち幅約2cm

作り方 → p.84

26 / 150

Back

このステッチでコイン以外はストップ！

ファスナー上にステッチをすることで、小銭だけが下に落ちる仕組み。

吊るせるおうち形ポケット

印鑑やリップなど、ちょっとしたものの収納に役立つウォールポケット。浅い仕切りも使い勝手上々です。
（Design／けーことんさん）

でき上がりサイズ：各約縦15.5×横11cm

作り方 → p.86

27 / 150

がま口タイプのめがねケース

黄色×水色がさわやかなめがねケースは、ギフトにぴったり。キルト芯を挟んで大事なめがねをしっかりガード。
（Design／長谷川久美子さん）

でき上がりサイズ：約縦19×横10cm

作り方 ➡ p.83

28
/150

1 後ろ面のポケットにはめがね拭きなどを収納。**2** がま口なら開け閉めも簡単。

［いつだって大好き！フェミニンポーチ］

ミニトート形ポーチ

花柄にレースやリボンを組み合わせ、細部までディテールにこだわった逸品。バッグチャームにしても素敵！
（Design／田中まみさん）

でき上がりサイズ：
各約縦8.5×横10cm、まち幅約3cm

作り方 ➡ p.88

29
/150

Chapter 1 ｜ いつだって大好き！フェミニンポーチ

ミニウォレットの内側にはポケットが2つ。1つはファスナー付きなので、小銭を入れても安心。

31 /150

30 /150

ミニウォレット＆ラミネートポーチ

アシンメトリーなふたがポイントのウォレットに、お手入れしやすいラミネート地で作ったファスナーポーチ。おしゃれな花柄の選び方にもご注目！（Design／猪俣友紀さん）

でき上がりサイズ：
30 約縦9.5×横11.5cm
31 約縦11×横21cm、まち幅約3cm

作り方 ➡ p.86-87

マルチポーチ

お薬手帳やカード類をまとめても、スリムでかさばらない便利なポーチ。フラットな袋の口側を折ってふた代わりにします。（Design／中野葉子さん）

でき上がりサイズ：各約縦15.5×横11cm

作り方 ➡ p.89

ボタンをはずすと3つのカードポケットが。裏布にも花柄を使って、見えないところもおしゃれに。

32 /150

大容量ポーチ＆リップケース

シンプルな作品こそ、布選びで存在感をアピール！　ビッグポーチには大きい花柄、リップケースは小花柄でキュートに。（Design／永嶋恵美子さん）

でき上がりサイズ：33 約縦15×横25cm、まち幅約9cm
34 約縦2.5×横9.5cm、まち幅約2.5cm

作り方 ➡ p.90

33
/150

34
/150

1

2

1 まち幅をたっぷりとって、大容量をキープ。**2** リップケースはキャラメル仕立て。

フリルのバネポーチ

波打つフリルがエレガントな、クラッチバッグ風のポーチ。フリルの端に見えているのは裏布。凝った作りに見えて、作りやすいのがうれしい！（Design／アトリエ千尋さん）

でき上がりサイズ：
35（小）約縦8×横15.5cm
36（大）約縦10×横18cm

作り方 ➡ p.91

35
/150

36
/150

[いつだって大好き！フェミニンポーチ] Chapter 1

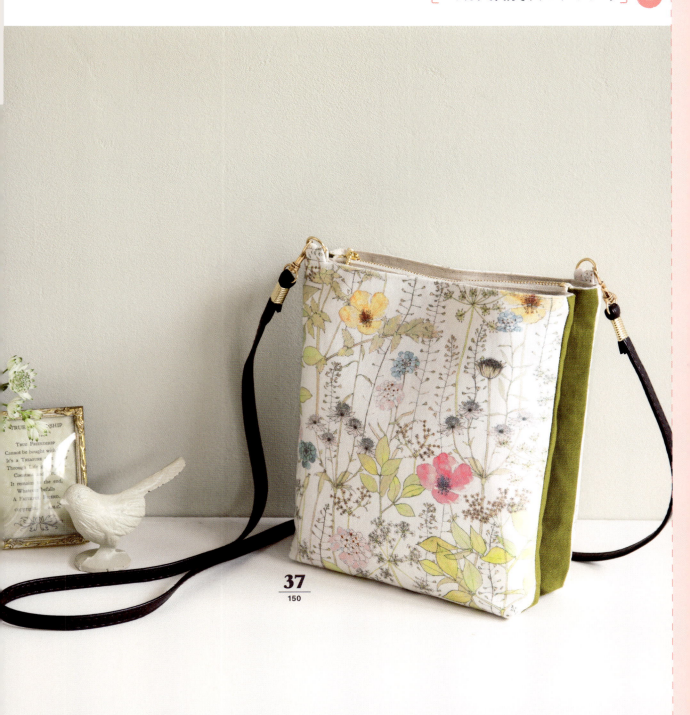

37
150

外面と内面はマグネットホック留め、中央は安心のファスナー仕様。

トリプルルームポシェット

スマートタイプのポシェットは、3つに仕切られて使い勝手抜群。リバティプリントと無地のコンビもさわやかです。（Design／平松千賀子さん）
でき上がりサイズ：約縦21×横17cm、各まち幅約3cm
作り方 ➡ **p.92**

［メンズテイストの バッグ］

ボディバッグ

男女問わず使えるデザインとサイズ感が人気。布が何枚も重なるので、縫い代の始末はバイアステープがおすすめ。（Design／長谷川久美子さん）

でき上がりサイズ：
約縦35×横19㎝、まち幅約8㎝

作り方プロセス ➡ p.18

38
150

ショルダーとの接続部分は、まちとつながるように作ったこだわりのデザイン。

縦型サコッシュ＆水筒ケース

帆布や革素材、カシメなどの金具をあしらったシリーズは男性が持っても素敵。水筒ケースはティッシュケース付き！（Design／橿礼子さん）

でき上がりサイズ：
39 約縦23×横19㎝、まち幅約5㎝
40 約底直径9×横23.5㎝

作り方 ➡ p.94-95

39
150

40
150

1

2

1サコッシュ後ろ面のポケットの中は、仕切り付き。**2**水筒ケースのショルダーにはキルティングを使った肩当てをプラス。

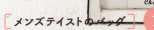

大きめポケットの トートバッグ

コーヒー豆のプリント地を主役にしたデイリーバッグ。シンプルだからこそ、ステッチの色や革づかいが決め手に。（Design／清水悦子さん）

でき上がりサイズ：
約底短径14.5×長径25cm、高さ約23.5cm

作り方 ➡ p.96

41 / 150

1 プリント地の使い方でぐっとおしゃれに。**2** 市販のタグには革を合わせてアレンジ。

BOXティッシュサコッシュ

前面の大きなポケットに箱ティッシュがすっぽり！ 子供のお世話をする人にぴったりの便利バッグです。（Design／けーことんさん）

でき上がりサイズ：
約縦21×横32cm

作り方 ➡ p.93

42 / 150

p.16に登場した 38 ボディバッグを作りましょう

ていねいな仕立てが完成度を高めます。工程は多いけれど挑戦のしがいがありますよ！

材料
前側面表布・外ポケット表布・脇布50×45cm、後ろ側面表布・下まち表布40×50cm、上まち表布25×60cm、裏布・内ポケット90×70cm、薄手接着キルト芯30cm四方、接着キルト芯90×65cm、3.8cm幅テープ1.3m、2cm幅テープ15cm、1.2cm幅麻テープ6cm、1.1cm幅縁どりバイアステープ1.9m、4cm幅角カン1個、4cm幅送りカン1個、4cm幅ナスカン1個、2cm幅Dカン2個、20cmファスナー1本、45cm両開きファスナー1本、0.3cm幅スエードテープ20cm。

実物大型紙 B面

＊布と糸の色を変えています。

1 布を裁ちます

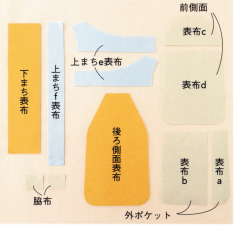

実物大型紙を参照し、指定の縫い代をつけて各パーツを裁断する。

※今回の作品は表布と裏布を外表に重ねて側面やまちなどを縫うことが多いため、正しい位置が縫えるように上まちと裏布は両面に、前側面裏布、後ろ側面裏布、上まちf裏布、下まち裏布はあえて表側に印をつけて裁った。

2 接着芯と薄手接着キルト芯を貼ります

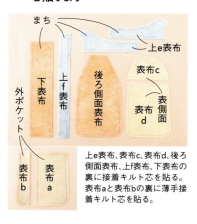

上e表布、表布c、表布d、後ろ側面表布、上f表布、下表布の裏に接着キルト芯を貼る。表布aと表布bの裏に薄手接着キルト芯を貼る。

3 外ポケットを作ります

1

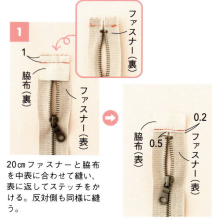

20cmファスナーと脇布を中表に合わせて縫い、表に返してステッチをかける。反対側も同様に縫う。

2

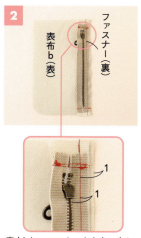

表布bとファスナーを中表に合わせて縫う。

2と裏布bを中表に合わせ、2と同じ所を縫う。

表に返して表布b側のはぎ目のきわにステッチをかける。

同様に表布aと裏布aをファスナーと縫い合わせ、ステッチをかける。

4 前側面を作ります

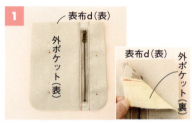

外ポケットを表布dに重ねてまち針でとめる。

1と表布cを中表に合わせて縫い、表に返して表布c側のはぎ目のきわにステッチをかける。

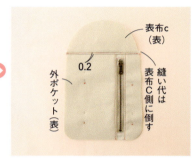

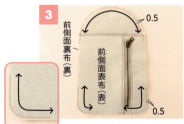

前側面表布と前側面裏布を外表に合わせ、ミシンの縫い目の長さを約5〜7mmに設定してカーブ部分を仮どめする。

POINT
ぴったり縫い合わせたいカーブ部分のみ仮どめする。直線部分はあえて仮どめせず、縫いずれた際に調整できるように遊ばせておく。

5 後ろ側面を作ります

内ポケットを中表に二つ折りにし、返し口を残して縫う。

1を表に返して返し口の縫い代を折り込み、ポケット口にステッチをかける。

後ろ側面裏布に内ポケットを縫いつける。

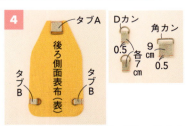

指定の寸法にカットした3.8cm幅テープに角カン、2cm幅テープにDカンをそれぞれ通して二つ折りにし、仮どめしてタブA、Bを作る。表布のつけ位置に重ねる。

後ろ側面表布と後ろ側面裏布を外表に合わせ、4-3の要領で角やカーブ位置を仮どめする。

6 まちを作ります

1
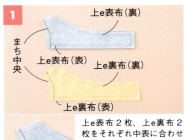
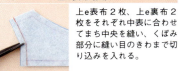

上e表布2枚、上e裏布2枚をそれぞれ中表に合わせてまち中央を縫い、くぼみ部分に縫い目のきわまで切り込みを入れる。

2

1を表に返して縫い代を割り、ステッチを2本かける。

3
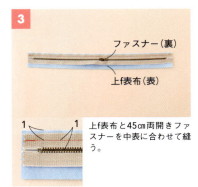

上f表布と45cm両開きファスナーを中表に合わせて縫う。

4

3に上f裏布を写真のように重ねて3と同じ所を縫う。

5
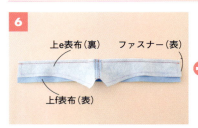

表に返して上f表布側のはぎ目のきわにステッチをかける。

6
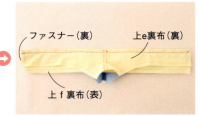
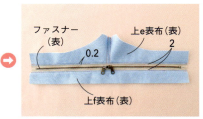

同様にして上e表布と上e裏布をファスナーと縫い合わせ、ステッチをかける。

7
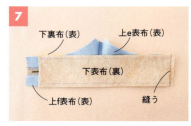

下表布と下裏布を中表に合わせ、6を挟んで短辺の1辺を縫う。

8
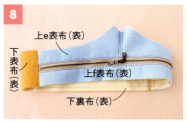
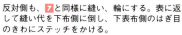

反対側も、7と同様に縫い、輪にする。表に返して縫い代を下布側に倒し、下表布側のはぎ目のきわにステッチをかける。

7 肩ひもを作ります

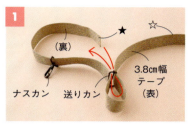
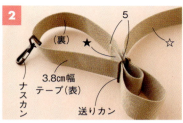
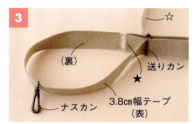

1. 3.8cm幅テープを1.2mにカットし、テープ端（★）を送りカン→ナスカンの順に通し、さらに矢印を参照して（★）を送りカンに通す。

2. 通したところ。テープ端（★）は送りカンから5cm引き出す。

3. テープ端（★）を隠すように麻テープを巻きつけてまち針でとめ、縫いとめる（2周ぐるりと縫う）。

8 まとめます

1. 後ろ側面表布とまち表布を中表に合わせ、まち中央部分の中央と両角をまち針でとめる。さらに縫いずれ防止のため、まち針とまち針の間を仮どめクリップでとめる。

2. 周囲もまち針でとめる。このとき、カーブ部分はまちのみにハサミで切り込みを入れ、側面となじみやすくする。切り込み間隔約1

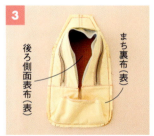
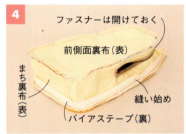

3. 2をぐるりと1周縫う。前側面も同様に縫う。

4. バイアステープを開き、3の縫い代と中表に合わせて縫う。このとき、縫い始めはバイアステープの端を1cm折り、縫い終わりは1.5cm重ねる。ファスナーは開けておく。

5. バイアステープを表に返し、縫い目や裏布につけた印が隠れるように整えてまつる。前側面側の縫い代も同様にパイピングをする。

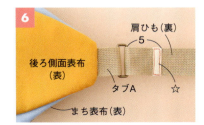
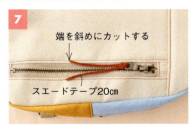

6. 肩ひもの端（☆）をタブAの角カンに通して折り、7-3の要領で麻テープを巻きつけて縫いとめる。

7. スエードテープを外ポケットにつける。まずテープを二つ折りにし、わのほうをファスナー引き手に向こう側から通す。次にテープの端をわに通す。端を斜めにカットする。スエードテープ20cm

完成！

Chapter 2 パパッと作れる工夫がいっぱい！
量産OKアイテム26

たくさん作って、たくさんの人の元へ届けたい！ 短い時間で作れるアイテムは、そんな方にうってつけ。時短のためのアイデアも盛りだくさんです。

[端ぎれを生かして低予算＆キュート]

コンパクトケース

小さな端ぎれも、縫い合わせれば大きな一枚に。たくさんの柄が見えるように型紙を置いてカットするのがコツ。（Design／小野ひろみさん）

でき上がりサイズ：（閉じた状態）各約縦10.5×横5.5cm

作り方 ➡ p.98

使い方はいろいろ。タックのおかげで小さくても収納力アップ。タックなしで作ることも（右）。

ダブルファスナーの コインパース

キルト芯を挟んで縫った一枚の本体を、1/4に折りたたんでユニークな形に。カードも収まって使い勝手抜群！
（Design／三浦苗美さん）
でき上がりサイズ：各約縦10×横12cm

作り方 ➡ **p.97**

44
150

ポケットとポケットの間にDカンをつけ、鍵の収納スペースに。

くるみボタンの ブローチ

くるみボタンにピンをつけた簡単ブローチも、リバティプリントで作ればワンランク上の仕上がりに。裏面に使った合皮は、切りっぱなしでOKだから手軽。
（Design／平松千賀子さん）
でき上がりサイズ：各直径約3cm

45
150

How to make

1 1個につき約5cm角の布を用意し、くるみボタンキット（手芸店や100円ショップで入手可能）を使ってくるみボタンを作る。**2** 裏側に貼る合皮をサイズにカットし、ブローチピンを縫いとめてからボンドで貼る。

フラップポーチ3種

主役は外ポケットのフラップ！縫い返したあと目打ちでカーブを整えると、きれいなフラップが作れます。（Design／佐藤香織さん）

でき上がりサイズ：
46（小）約縦8.5×横8cm、まち幅約3cm
47（中）約縦7.5×横16cm、まち幅約5cm
48（大）約縦13.5×横12cm、まち幅約5cm

作り方 ➡ p.98

46 /150

47 /150

48 /150

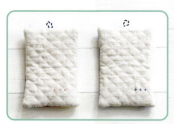

後ろ面はフラップ用の布と本体の布を切り替えたデザイン。

四角パッチの鍋つかみ

キッチンの実用小物は人気アイテムの1つ。飾っておくだけでもかわいい布づかいが、ヒット商品の秘訣。（Design／たけざわひろこさん）

でき上がりサイズ：各約縦18×横12cm

作り方 ➡ p.100

内面はキルティング地を使用。ワンポイント刺しゅうもポイントに。

指先を入れて二つ折りにして挟むタイプ。

49 /150

台形のmini手提げ

コンパクトなワンマイルバッグは台形が新鮮。パッチワークは、はぎ合わせてから台形にカットします。（Design／たけざわひろこさん）

でき上がりサイズ：各約縦23×横19cm

作り方 ➡ **p.101**

裏面にはスマイル刺しゅうを。遊び心でオリジナリティをプラス。

クレープ形小物入れ

円形の布二枚を縫い合わせて周囲にリボンを通し、キュッと縮めただけ。小さなギフトにもぴったりです。（Design／菊池明子さん）

でき上がりサイズ：（開いた状態）各直径約29cm

本体の周囲にハトメで穴を開け、リボンを通している。

How to make

1 外面と内面を中表に合わせ、返し口を残して周囲を縫う。2 表に返し、周囲をステッチする。3 ハトメつけ位置に穴をあけ、ハトメをつける。4 リボンをハトメに交互に通し、本体を二つ折りにして左右を蛇腹に折り込む。リボンを蝶結びする。

実物大型紙 **A**面

直線縫いでパパッと作れる

- 前・後ろ側面(表) — A谷折り
- 前・後ろポケット(裏) — B山折り
- 前・後ろポケット(表) — C谷折り
- 前・後ろ側面(裏)

布を山折り谷折りして横から見ると、"W"の字のようになる。

後ろ面にも大きなポケットができる。全体が二重構造なので丈夫なのも◎。

52/150

一枚布de ポケット付きトート

側面にポケットがついた便利なトートバッグ。長方形の布1枚をたたんで縫って作るという驚きのアイデア！
（Design／hanacoさん）

でき上がりサイズ：約縦25×横35cm、まち幅約7cm

作り方 ➡ p.102

53/150

サニタリーポーチ

手のひらサイズのサニタリーケースはいくつあってもうれしい実用アイテム。ふたはレースゴムでとめています。（Design／枝廣美保さん）

でき上がりサイズ：
（閉じた状態）約縦10.5×横11.5cm

作り方 ➡ p.103

[直線縫いでパパッと作れる]

タック入りキャラメルポーチ

キャラメルポーチの口側やまちにタックをプラス。型紙いらず、直線縫いとは思えない新鮮な形になりました。（Design／佐藤香織さん）

でき上がりサイズ：
約縦10×横22cm、まち幅約10.5cm

作り方 ➡ p.104

脇のタックをふやして、底側が少しきゅっと締まるシルエットに。

54
/150

55
/150

糸巻きフラットポーチ

細いボーダー柄で糸を表現。シンプルなデザインだからこそ、色使いにこだわるとぐんとおしゃれに。（Design／相﨑美帆さん）

でき上がりサイズ：約縦13×横12cm

作り方 ➡ p.103

チラ見えする裏布選びもセンスの見せ所。口の縫い代は、割ってから表に返すときれいに整う。

底を折り込んで脇を一気に縫うことで、外三角のまちが完成。裏布も一緒に縫うので内側がもたつかない。

外三角まちのランチトート

ご近所へのお出かけにもぴったりのミニトート。まちは脇と一緒に縫って、時短＆すっきりデザインに。（Design／青木恵理子さん）

でき上がりサイズ：各約縦15.5×横19cm、まち幅約8cm

作り方 ➡ **p.105**

56
150

57
150

隠しまちのランチトート

57のバッグのまちの折り方を変えただけで、デザインに変化が。荷物が少ないときはぺたんこバッグになります。（Design／青木恵理子さん）

でき上がりサイズ：
約縦15.5×横19cm、まち幅約8cm

作り方 ➡ **p.105**

この作り方ならバッグの外側はすっきり、荷物を入れると内側にまちができる仕組み。

キャラメルまちの
チューブポーチ

片側のみキャラメルにたたんだら、反対側はパイピングで簡単処理。ミニサイズなので端ぎれを有効利用できるのもうれしい！（Design／komihinataさん）

でき上がりサイズ：各約縦13×横6cm、まち幅約3.5cm

作り方 ➡ p.106

58
150

1

2

1 柔らかいフラットニットファスナー®を使えば、ミシン押さえを気にせず縫える。**2** タブはリボンなどを活用すれば時短に。

［一枚布だから カットも楽チン］

ぺたんこがま口

シンプルながま口は、安定のヒット商品。口金のつけ方さえマスターできれば、がま口作りも怖くない！（Design／青木恵理子さん）
でき上がりサイズ：約縦12.5×横16cm

作り方プロセス ➡ p.34

口金と本体の中央を合わせて脇の布が余ったら、しわが寄らないよう布を逃げさせてOK。

59
150

60
150

貝殻ポーチ

布パーツは表裏2枚で、貝の底をはぐ手間を短縮。ファスナーは手縫いのほうが、失敗なく仕上がります。（Design／平松千賀子さん）
でき上がりサイズ：各約縦10.5×横11.5cm

作り方 ➡ p.107

これが型紙！

前後続きの型紙なので、準備も仕立ても楽チン！

コーヒーフィルター型ポーチ

半円の型紙で作るミニサイズのポーチ。あえて長めのファスナーを使って作るユニークな仕掛けにも注目！（Design／猪俣友紀さん）
でき上がりサイズ：各約縦8×横11.5cm

作り方 ➡ p.109

1

2

1 ファスナー上止め側を縫い残してループを作り、革ひもやリングをつけて。**2** ファスナー端を底側に縫いとめ、リングなどをつければキーケースにも。

61
150

一枚裁ちのバニティポーチ

型紙1枚でできる画期的なバニティポーチ。生地が厚すぎると表に返しづらいので、オックスくらいがおすすめです。
（Design／komihinataさん）
でき上がりサイズ：
各約幅12×奥行10×高さ8cm

作り方 ➡ p.108

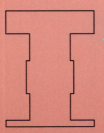

これが型紙！

縫いやすいフラットニットファスナー®や、持ち手に市販のテープを利用して時短に。

表布、裏布をこの形にカットすればOK！

62
150

ユニークな
アイデアが光る！

Type2の型紙を150%拡大して製作

63 Type1
150
舟形パーツを3枚はぎ合わせたミニポーチ。

64 Type2
150
舟形パーツ1枚の両脇に半円状のパーツを2枚プラスして。

Type4の How to make

1 表布、裏布を各5枚裁つ。2 表布の裏に接着キルト芯を貼る。3 16cmファスナーの両側に表布を縫いつけ、残りの3枚の表布を縫いつなげる（p.110 Type1の作り方参照）。4 裏布5枚を同様に縫いつなぎ、③と外表に合わせてファスナーにまつる。

実物大型紙 p.179

66 Type4
150
舟形パーツを同じ方向に5枚並べたら紙ふうせん風に。

65 Type3
150
舟形パーツ5枚でこんなユニークな形にも！

4タイプのポーチ

基本のパーツを数枚組み合わせることで、ポーチの形が変化。布合わせ次第でバリエーションも無限大です。（Design／平松千賀子さん）

でき上がりサイズ：
64 Type1 約縦6.5×横15cm、まち幅約6.5cm
65 Type2（小）約縦6×横6.5cm、まち幅約4.5cm、（大）約縦8.5×横9.5cm、まち幅約6cm
66 Type3 約縦9×横6.5cm、まち幅約7cm
67 Type4 約直径10×高さ9cm

作り方 ➡ p.110-111

これが型紙！

基本の舟形パーツはこんな形。カーブしているので、合印やまち針を多めに打ち、縫った後に縫い代に切り込みを入れると仕上がりもきれい。

コロコロポット

コロンとした形がかわいいバッグ。側面4枚は同サイズなので、カットもスムーズです。型紙を拡大縮小すれば、サイズ違いを作るのも自由自在です。（Design／金子晴子さん）

でき上がりサイズ：
約縦13×横10cm、まち幅約6cm

作り方 ➡ p.109

67
150

底布があるので、中にものを入れる際にも安定感がある。

ポケット4つの フラップポーチ

目からウロコのたたみ方で、収納力アップを実現したワザありポーチ。通帳やカードの仕分けもラクラクです。（Design／橿 礼子さん）

でき上がりサイズ：
各約縦17×横17cm

作り方 ➡ p.112

68
150

左、右、中央ポケットの順に折って4つのポケットが完成。

これが型紙！

たたむ前はこんな形。一枚布なので作業が簡単。

p.30に登場した
59 ぺたんこがま口を作りましょう

覚えておくと便利な口金のつけ方。基本のプロセスをここでしっかりマスターしましょう。

材料（本体）
表布20×40cm、裏布20×40cm、薄手接着芯20×40cm。

実物大型紙
A面

＊布と糸の色を変えて説明しています。

1 布を裁ち、本体を作ります

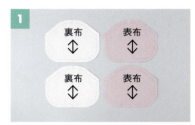

1 縫い代1cmをつけて布を裁つ。表布は大きめに粗裁ちした薄手接着芯を裏に貼ってから裁つ。

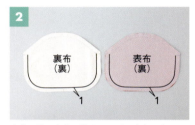

2 表布2枚、裏布2枚をそれぞれ中表に合わせ、口側を残して縫う。

3 カーブに切り込みを入れる。

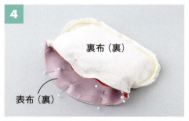

4 2の縫い代をアイロンで割る。表布と裏布を中表に合わせて口側をまち針でとめる。

5 返し口を残して口側を縫う。

6 返し口から表に返し、返し口の縫い代を折り込み、口まわりを縫う。口側中央に印をつける。

2 がま口をつけます

用意するもの
A12cm幅×高さ5.4cmくし型口金、**B**紙ひも、**C**ボンド、**D**ペンチ、**E**マイナスドライバー、**F**ピンセット、**G**目打ち、**H**つま楊枝

1 口金の中央を印すマスキングテープを外側に貼る。口金に紙ひもを当てながら、端から端までぴったりの長さを測って切る。2本用意する。

POINT
口金の中央に印をつける際、目盛り付きのマスキングテープを使うと便利。

2 口金の溝にボンドをつけ、つま楊枝などを使ってのばす。

3 全体にムラがなく、均等にのばせているか確認する。口金にボンドがついてしまったら、お湯でぬらして絞った布で拭き取る。

4 口金と本体の中央を合わせ、差し込む。

5 口金の蝶番中央と本体脇の縫い目が合っているか確認する。

6 本体が余る場合は、余りを口金に分散するように少しずつ差し込んで調整する。本体全体を口金に差し込む。

7 マイナスドライバーを使ってさらに口金内側に差し込む。

8 紙ひもを少しほどき、もう一度ねじる。

9 口金と紙ひもの中央を合わせ、裏布側からマイナスドライバーで差し込む。

10 端までしっかりと差し込んだら、反対側も同様にする。もう片方の口金にも同様に紙ひもを差し込む。紙ひもや本体の縫い目が見える所は、しっかりと口金の中に押し込んでおく。

11 当て布を巻くか当て布を挟んだペンチで、口金の端4カ所を内側のみが潰れるように押さえ、口金と本体をしっかり固定する。

12 口金がついた。このままの状態でひと晩おき、完全にボンドを乾かす。

完成！

35

思い立ったらすぐできる！
超簡単小物8
おうちグッズ編

小さい布さえあればあっという間に作れちゃう
簡単布小物が大集合！
あなたはどれから作ってみる？

69 / 150

リンゴのコースター

平たいリンゴの形にレトロな布柄が絶妙にマッチしたコースター。いろんな布で作って並べるとキュート！
（Design／藤江由香さん）

でき上がりサイズ：各約縦8.5×横12cm

作り方 ➡ p.161

70 / 150

カップ型ミニピンクッション

端ぎれにわたを詰めた簡単ピンクッションも陶製のミニカップを土台にすれば、ぐっとおしゃれに変身！（Design／たけざわひろこさん）

でき上がりサイズ：各約口径6×高さ5cm

How to make

1 布をはぎ合わせて直径17cmの円形の本体1枚を作る。**2** はぎ目に好みの刺しゅうをする。**3** 布端から1cm内側を1周ぐし縫いする。**4** ③の糸を引き絞り、中にわたをしっかり詰め、丸く形を整えて玉どめをする。**5** ④を口径6×高さ5cmの容器に入れてボンドで貼る。このとき二つ折りにした1cm幅テープ（5cm）をバランスをみて挟む。

テトラ型の鍋つかみ

鍋ぶたのつまみをカバーする小さな三角形の鍋つかみ。裏布にキルティング地を使っているので安心です。（Design／猪俣友紀さん）
でき上がりサイズ：各約縦7.5×横8cm

作り方 ➡ p.161

71
/150

72
/150

保冷剤ポケット付きお弁当ベルト

暑くなると確実に需要が増すこちら！ 手軽に洗えて早く乾くよう、一枚仕立てになっています。（Design／菊池明子さん）
でき上がりサイズ：各約縦11×横10cm

作り方 ➡ p.162

春色のフラワーベース

小さな端ぎれを自由に使ったフラワーベース。表布をはぎ合わせたら、厚手の接着芯を裏に貼って形をキープします。
（Design／川崎貴子さん）
でき上がりサイズ：各約底直径4×高さ8cm

作り方 ➡ p.162

73
/150

中に入れたボトルは、100円ショップで購入できる小さな試験管。周囲にわたを詰める際は、つま楊枝を使うと良い。

どうぶつ柄の印鑑ケース

印鑑用の口金を使えば、印鑑ケースも簡単。反発力があるテレホンカードやギフトカードなどの磁気カードを芯にしています。（Design／菊池明子さん）

でき上がりサイズ：各約縦3×横8.5cm

作り方 ➡ **p.163**

内側の布には、汚れてもさっと拭き取れるラミネート地を使用。

豆がま口のコインケース

500円玉がちょうど入る小さな豆がま口。幅が狭く小さいデザインなので、がま口の差し込みも簡単です。（Design／菊池明子さん）

でき上がりサイズ：各約縦4×横3.5cm

作り方 ➡ **p.164**

芯に磁気カード、裏布には切りっぱなしでOKの合皮を使用。布は表裏から両面テープでとめただけ。

リバティプリントのバッグチャーム

リバティプリントをPVC（ポリ塩化ビニル）で挟んだ夏らしいチャーム。PVCはテフロン押さえに替えて縫います。（Design／中野葉子さん）

でき上がりサイズ：
（チャーム部分）各長さ約10.5cm

How to make

1 布1枚をPVC2枚で挟み、周囲を縫う。**2** 0.4cm径ハトメをつける。**3** 好みのレースを1.6cm幅カン付きレース留め金具に挟む。**4** ②のハトメと③のカンにそれぞれ0.6cm径丸カンを通し、バッグチャーム用チェーンにつける。

実物大型紙 **p.173**

Chapter 3

センスが光る布づかいも必見！
おしゃれデザイン 19

達人たちが生み出すデザインの良さや布づかいの巧みさは学ぶことがたくさんありそう。
ワンランク上の作品を作ってみたい方は、ここをご参考に！

[気分が上がる！ フェミニンスタイル]

ショッパー型トートバッグ

スッと自立する姿が素敵なショッパー型のバッグ。大胆な柄布と無地の取り合わせが都会的です。折りたためるので、サブバッグにもぴったり！（Design／けーことんさん）

でき上がりサイズ：各約縦25×横22cm、まち幅約10cm

作り方 ➡ p.113

77 / 150

まち部分は内側に折れるデザイン。

底のはぎ合わせも紙袋のよう。底板にアクリル板をはめておけば、型崩れの心配もなし。

39

がま口のポシェット

クラシックな雰囲気の口金と花柄がガーリーテイスト。ギャザーとダーツで、ふんわりした丸みを表現しました。
（Design／平松千賀子さん）

でき上がりサイズ：約縦24.5×横33.5cm

作り方 ➡ p.114

1 縫いつけタイプの口金を使うので、ショルダーバッグでも安心。
2 後ろ面にはファスナーポケットと、ハート形のアップリケのおまけ付き。

プランター形の丸底バッグ

プランターに咲く花がデザインイメージ。側面の花柄の合わせ方次第で、いろいろな表情が楽しめそうです。（Design／相﨑美帆さん）

でき上がりサイズ：約底直径23×高さ24cm

作り方 ➡ p.115

まん丸の底と持ち手は無地で引き締めて。底のカーブは、ゆっくり慎重に縫うのがコツ。

[気分が上がる！フェミニンスタイル] Chapter 3

オーバル底のトートバッグ

パープルを効かせた、エレガントなトートバッグ。自転車のかごに収まりやすいなど、利便性もバッチリです！
（Design／猪俣友紀さん）

でき上がりサイズ：
約底短径16×長径29cm、高さ約33cm

作り方 ➡ p.116

80
150

深めのスリットのおかげで中身が取り出しやすい。肩への負担を考慮して、持ち手も幅広に。

切り替え巾着バッグ

シックな花柄とブラックリネンの大人っぽい布合わせ。シルエットにもこだわった、上品な巾着バッグです。
（Design／yasuminさん）

でき上がりサイズ：約底直径9.5×高さ22.5cm

作り方 ➡ p.117

1 6枚の側面と、小さくて丸い底布を縫い合わせてコロンとした形に。**2** 裏布にはギンガムチェックを選んで遊び心を。

81
150

パッチワークの持ち手付きポーチ

ワンマイルのお出かけや、バッグインバッグにも重宝しそうなサイズ感。小さなパッチワークが効果的です。（Design／塩崎ゆりえさん）

でき上がりサイズ：各約縦12×横25cm

作り方 ➡ p.118

82 / 150　ヘキサゴン

83 / 150　オレンジピール

後ろ面はオレンジピールのパターンのアレンジバージョン。

ファスナーペンケース

一見シンプルなケースも、ファスナーをぐるりと開けたら、使い勝手を考えた便利アイデアが随所に！（Design／小泉幸子さん）

でき上がりサイズ：
（閉じた状態）約縦20×横11cm、まち幅約2cm

作り方 ➡ p.119

メモ帳ホルダー　ペン立て　便利ポケット

外面に接着キルト芯を貼ったしっかり仕立て。ソーイングケースなどにカスタマイズするのも良さそう。

84 / 150

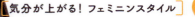

ポケット付き スマホポシェット

リバティプリントで作る大きなポケットが主役のポシェット。縫い代は"袋縫い"にしてスッキリ仕上げました。（Design／猪俣友紀さん）

でき上がりサイズ：
85（小）約縦18.5×横11.5cm
86（大）約縦19.5×横13.5cm

作り方 ➡ p.120

持ち手を短くして、バッグの持ち手にかけても。口はオープン仕様なので取り出しやすい。

ハーフムーンバッグ

スポーティな印象のボディバッグも、くすみカラーの花柄なら柔らかな印象に。大容量なのもうれしい限り！
（Design／komihinataさん）

でき上がりサイズ：
約縦15×横30cm、まち幅約10cm

作り方 ➡ p.121

1

2

1 ボディにしっくりなじむ斜めがけがおすすめ。**2** バッグ口が大きく、荷物の出し入れがしやすいのも魅力。

How to fold

1
フラップを持ち上げて持ち手を下に折る。

2
フラップの幅に合わせて両脇を折る。

3
底をフラップ下まで折り上げる。

4
約1cm手前まで折り返す。

5
口側に合わせて二つ折りし、ボタンをとめる。

フラップを後ろ面に重ねづけすることで、はがきサイズの内ポケットが同時に完成。

かわいくたためるエコバッグ

いくつあっても重宝するエコバッグ。フラップは、口を閉じるだけでなく、たたむ際のガイドにもなります。
（Design／hanacoさん）

でき上がりサイズ：
約縦36.5×横36cm、まち幅約16cm

作り方 ➡ **p.126**

スカラップポケットのショルダーバッグ

ヴィンテージファブリックらしい色柄を生かした、個性的なショルダーバッグ。スカラップのポケットがキュート！
（Design／藤江由香さん）

でき上がりサイズ：
約縦21×横24cm、まち幅約10cm

作り方 ➡ **p.122**

1

2

1 存在感のあるバッグがシンプルなファッションの引き立て役に。**2** なにかと便利な内ポケット付き。

Chapter 3

[デイリーに使える！カジュアルスタイル]

[デイリーに使える！カジュアルスタイル]

テントポーチ

三角形に見えるまちがテントのよう。ポーチの四隅と、脇の中央に入れたステッチで、形をキープしています。（Design／けーことんさん）

でき上がりサイズ：
約縦12×横17cm、まち幅約8cm

作り方 ➡ **p.124**

90
150

91
150

じゃばらカードケース

かさばるカード類をすっきりひとまとめ。折り紙のように布をたたんで縫う、じゃばらの美しさにも注目！（Design／けーことんさん）

でき上がりサイズ：約縦7×横11cm

作り方 ➡ **p.125**

ボタン仕様にしたい場合は、マジックテープの代わりに中央にドットボタンを取りつける。

アコーディオンのようにガバッと開いて使いやすさ満点。

45

あおりポケットのミニトート

口側に少し飛び出した大きな外ポケットがポイント。裏袋には帆布を使い、しっかりした形に仕上げています。
（Design／komihinataさん）

でき上がりサイズ：
約縦16×横20cm、まち幅約8cm

作り方 ➡ p.123

外ポケットは底もぐるりとつながっているので、袋の底の補強も兼ねている。

まんまるポーチ

シンプルなミニポーチには布用ペンで遊び心を。縫い代に切り込みを入れて、きれいなカーブを作りましょう。（Design／橿 礼子さん）

でき上がりサイズ：
各約縦10×横10cm、まち幅約5cm

作り方 ➡ p.127

1 コンパクトながら、まち幅は5cmあるので容量たっぷり。**2** 後ろ面にも丸模様をちりばめて。

Chapter 3

[デイリーに使える！カジュアルスタイル]

外まちのおすわり巾着バッグ

底にタックを入れてまちを作り、ふっくら丸いシルエットに。足のように飛び出した三角形のデザインがポイントになっています。（Design／橿 礼子さん）

でき上がりサイズ：
各約縦19×横16cm、まち幅約10cm

作り方➡p.128

底側のタックを縫う際は、表袋と裏袋がずれないよう、まち針できちんと固定するのがポイント。

メンズライクなキーケース

外出に必要な最低限の荷物がきれいに収まる、アイデアケース。コルクシート＆デニムで作れば、男性も持てるデザインに。（Design／moroさん）

でき上がりサイズ：約縦13.5×横8cm

作り方プロセス➡p.48

1

2

1 外側にあるフラップ付きポケットには、小銭などが入れられる。
2 ファスナーの内側には4連キーケース金具と、免許証やカードなどをスタンバイ。

47

95 メンズライクなキーケースを作りましょう

p.47に登場した

ファスナーやボタン、カシメなどさまざまなテクニックが詰まっていて、達成感がありますよ！

材料
表布・フラップ・タブ布35×25cm、裏布・小銭ポケット40×20cm、カードポケット20cm四方、厚手接着芯25×20cm、薄手接着芯65×20cm、ポリ芯10×20cm、20cmファスナー1本、キーケース金具4連、0.6cm径カシメ2組、キーホルダーパーツ1個、1cm径ドットボタン1組、タグ

実物大型紙 **p.181**

＊布と糸の色を変えて説明しています。

1 布を裁ち、接着芯を貼ります

1
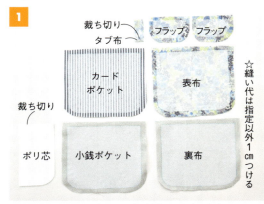

全てのパーツを裁ち、表布に厚手接着芯を、裏布・小銭ポケット・カードポケット・フラップ・タブ布には薄手接着芯を、裁ち切りでそれぞれのパーツに貼る。ポリ芯も裁つ。

2

表布とフラップ1枚のドットボタンつけ位置に、2cm四方に切った厚手接着芯を貼り、表布にはつけ位置の印を中央につける。

2 タブを作ります

タブ布を四つ折りにして縫い、キーホルダーパーツを通して二つ折りにし、仮どめする。

3 フラップを作ります

2枚を中表に合わせ、つけ側を残して縫う。表に返してステッチをかけ、ドットボタン（凹）をつける。

4 カードポケットを作ります

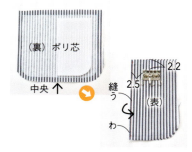

カードポケットを外表に二つ折りにしてポリ芯を挟み、折り山を縫う。キーケース金具をカシメでつける。

5 本体を作ります

1

表布にタグをつける。

2

ドットボタン（凸）をつける。

3

ファスナーを開いて、表布の下中央とファスナーの下止めを中表に合わせて縫う。

4

裏布にフラップとタブを重ねて仮どめする。

5

4の右側にカードポケットを、左側に外表に二つ折りにした小銭ポケットを重ねる。

6

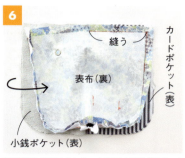

5と3を中表に合わせ、上部の右半分（表布・カードポケット・裏布）を縫う。次に表布左側と小銭ポケットの上1枚を右にめくる。

7

小銭ポケットの裏が全面に出た状態。上部をまち針でとめるが、右半分は、小銭ポケットと表布1枚だけをとめる。

8

上部の左半分、右半分の順に縫う。右半分は7でまち針を打った小銭ポケットと表布1枚だけを縫い、その下の表布1枚とカードポケット、裏布はよけておく。

9

右半分の上2枚をめくって表布の裏を全面に出す。

10

表布を8の折り目で折り上げ、向こう側に折る。

11

小銭ポケットを折り上げる。

12

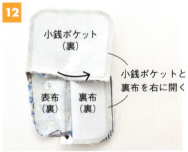

小銭ポケットと裏布をめくって開く。

13

小銭ポケットを手前に折り下げる。

14

上の2枚（小銭ポケット右側と裏布左側）を左にめくる。

15

カードポケット、小銭ポケット、裏布の縫い代を折り（右上写真）、クリップで仮どめする。

16

ぐるりとファスナーにまつる。表布の下中央のあいている部分もまつる。完成。

思い立ったらすぐできる！
超簡単小物10 アクセサリー編

超簡単布小物第2弾はアクセサリー編。
バザーのレジ横アイテムなどにもぜひ役立てて！

チョウチョとリボンとお花のヘアゴム

楕円形の大小パーツを組み合わせて3種類のモチーフに！ ピンやブローチへのアレンジも可能です。
（Design／平松千賀子さん）

でき上がりサイズ：
96（チョウチョ）約縦6×横7.5cm
97（リボン）約縦4×横9cm
98（お花・大）直径約9cm
　（お花・小）直径約3cm

リボンの作り方 ➡ p.165

How to make

チョウチョ
（表）大／小

大／小

p.165のリボンと同様に大小の楕円のパーツを作り、それぞれじゃばらに折り目をつける。

2つのパーツを上下になるよう重ね、中央を糸で巻いて結ぶ。

実物大型紙 p.168

お花（大）

楕円の大のパーツを3つ作り、それぞれ中央をつまんで糸で巻く。直径3cmの布をぐし縫いし、中にわたを詰めて縫い絞り花心にする。3つの楕円をずらして重ね、上に花心をのせて縫いつける。

お花（小）

裁ち切りの直径3cmの円2枚を外表に合わせてボンドで貼り、中心を1cmの円形にぐし縫いして縮める。同様に6個作り、根元を3cm径の土台に縫いつける。

畳縁のヘアリボン＆コインケース

畳縁は、幅に合わせて作れば布端の始末が不要の便利素材。ポップな色柄ならおしゃれアイテムにも変身！
（Design／オカジマユカさん）

でき上がりサイズ：
99（コインケース・閉じた状態）各約縦8.5×横8cm
100（ヘアリボン・本体）各約縦6×横11cm

作り方 ➡ p.164-165

デフトバン

切り込みに髪を通してくるくると巻き上げるワイヤー入りのヘアアクセ。レザーやリボンなど、素材を変えれば表情も一変！
（Design／田巻由衣さん）

でき上がりサイズ：（広げた状態）:
101（コットン）約縦10×横35cm
102（リボン）約縦7.5×横39cm
103（レザー）約縦8×横33cm

作り方プロセス ➡ p.52

101
/150

102
/150

103
/150

How to use

1 デフトバン中央の切り込みに髪の毛を通す。髪の毛はトップ（シニヨンの仕上がり位置になる）で結んでおくと安定するのでおすすめ。

3 デフトバンの両端を持ち上げて交差させ、髪の毛をとめる。

2 デフトバンの両端を持ちながら、根元まで内側にくるくると巻き込む。

4 さらにデフトバンの両端をそれぞれねじり、形を整える。

完成！

104
/150

ダリアのブローチ

長い布をじゃばらに折りながら作る、ロゼッタ風のブローチ。じゃばらの折り幅や回数などを変えれば表情豊かなダリアに！（Design／山森かよさん）

でき上がりサイズ：各直径約6.5cm

布くしゅくしゅピアス

布を縫いつまんで引き絞るだけで、おしゃれなモチーフに。ツヤのある化繊で作るとドレッシーに仕上がります。
（Design／田巻由衣さん）

でき上がりサイズ：全長約8cm

105
/150

How to make

1 布テープA（縦2×横60cm）の片側の短辺を0.5cm折り、細長く外表に二つ折りにする。テープB（縦2×横50cm）とテープC（縦2×横40cm）を同様に作る。**2** 前面の周囲にテープAをじゃばらにたたみながら重ね、バランスをみて縫いとめる。余分はカットする。（左写真参照）**3** ②と同じ要領でテープBを②のテープAに重ねて縫いとめる。**4** ②と同じ要領でテープCを③のテープBに重ねて縫いとめる。**5** ④の中心に好みのボタンをつける。**6** 後ろ面に切り込みを入れて長さ2cmのブローチピンを差し込み、⑤と外表に合わせてボンドで貼る。

実物大型紙 **p.175**

How to make

1 本体を中表に二つ折りにし、返し口を残して縫う。**2** 表に返してテトラ型に立体にして返し口をとじる。**3** バランスをみて縫いつまみ、引き絞って好みの形に整える。**4** バランスをみてくわえ金具をつける。**5** くわえ金具に好みの飾りとチェーンをつけ、ピアスパーツに取りつける。**6** 同様にもう1個作る。

実物大型紙 **D面**

101〜103 p.51に登場した コットン&レザーのデフトバンを作りましょう

気軽にたくさん作りたい「デフトバン」。硬すぎず、柔らかすぎないワイヤー選びがポイントです。

材料
(コットン)
本体80×20cm、0.2cm径ビニール被覆ワイヤー95cm
(レザー)
本体80×20cm、0.2cm径ビニール被覆ワイヤー80cm
(共通)
ビニールテープ、ニッパー

実物大型紙(レザー)
p.179

*コットンのデフトバンで解説します。
レザーのデフトバンは実物大型紙を使って布を裁ち、あとは同じ要領で作ります。
*布と糸の色を変えて説明しています。

1 布を裁ちます

写真の寸法に縫い代を1cmつけ、布を4枚裁つ。

2 本体を作ります

1

2枚を中表に合わせ、中央にあき口を残して長辺を縫い、縫い代を割る。これを2枚作る。

POINT 髪の量に合わせてあき口の幅を調整すると、シニヨンがうまくまとまる。

2

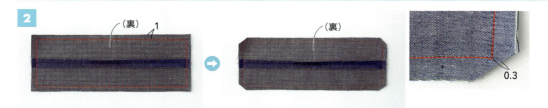

1を中表に合わせて周囲を縫い、角の縫い代をカットして表に返す。

POINT ウールなどやや厚手の布で作る場合は、角だけでなく周囲の縫い代も半分ほどにカットするとよい

3 ワイヤーを通します

1

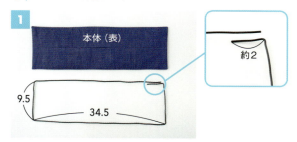

本体の形に合わせて、手でワイヤーを曲げて形づくる。ワイヤーのつなぎ目はゴロつかないように角を避けた所で、約2cm重ねる。

2

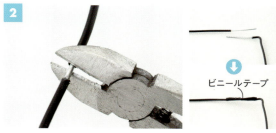

ワイヤーはつなぎ目で重なる両端約2cm分のビニールをニッパーで取り除き、ビニールテープを2〜3回巻いてとめる。

3

あき口からワイヤーを入れる。ワイヤーは入れやすいよう曲げながら入れてOK。全部入れたら、本体の角にワイヤーの角を合わせて周囲に沿うよう整える。

4 まとめます

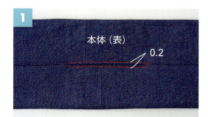

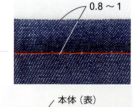

1 あき口のまわりにステッチをかける。

2 ワイヤーが動かないよう周囲にステッチをかける。このとき、押さえを「ファスナー押さえ」に替えると縫いやすい。

3 周囲は生地の厚みやワイヤーの太さ、縫いやすさによって0.8～1cm幅を目安にゆっくり縫うのがコツ。

102 リボンのデフトバン

☆縫い代は1cmつける

材料
本体85×20cm、7.5cm幅リボン70cm、パール付き2cm幅ブレード30cm、0.2cm径ビニール被覆ワイヤー。

※①～⑤までは、p.52-53のプロセスも参考にしてください。

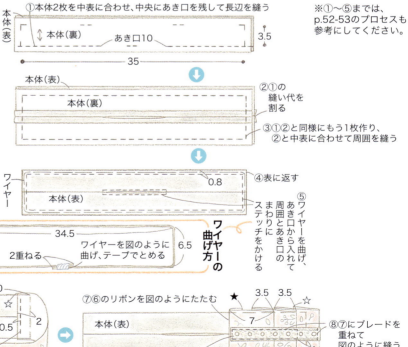

Chapter 4 ユニークデザイン23

かわいい＆かしこいアイデア大集合！

ユニークなモチーフ、ひらめきのデザイン。
暮らしの中の"あったらいいな"を形にしたアイテムの数々は目を見張るものばかり！

思わずほっこり癒されモチーフ

キノコのキーケース

手のひらサイズのケースは、自転車の鍵などの収納に最適。布づかいでいろいろなキノコができるのも楽しい！（Design／長丸智子さん）

でき上がりサイズ：約縦11×横9cm

作り方 ➡ p.130

106
150

スニーカー形のポーチ

スポーティなモチーフも、レースやリボンをプラスして甘辛テイストに。段染め糸のステッチが効果的です。（Design／平松千賀子さん）

でき上がりサイズ：約縦12.5×横20.5cm

作り方 ➡ p.129

足首ではなく、かかと側が取り出し口。靴底になる部分の布を縦縞にしてスニーカーらしさを強調。

107
150

[思わずほっこり癒されモチーフ] Chapter 4

どんぐりの鍋つかみ

キッチンに飾ってあるだけで心がなごむ、癒されアイテム。帽子のステッチは手縫いにしても楽しそう。
（Design／はりやまのまちこさん）

でき上がりサイズ：
約縦21.5×横14cm

作り方 ➡ p.130

108 / 150

コーデュロイなどの起毛した生地を使うと、秋らしさが演出できる。

ドーナツ形のピンクッション

発色のいいフェルトを使ったドーナツは、甘い香りまでしてきそう！細部まで凝った作りに注目です。
（Design／富村しのぶさん）

でき上がりサイズ：各約直径8×高さ4.5cm

作り方 ➡ p.131

109 / 150

110 / 150

55

BOOK形ニードルケース

持ち運びにいいサイズのニードルケースは、ページごとに針を種類分けできるのが便利。カバーの布は土台に貼りつけただけの手軽さです。（Design／相﨑美帆さん）
でき上がりサイズ：（閉じた状態）各約縦8×横6cm

作り方 ➡ p.132

111
/150

布のみみにプリントされている英字を切り抜いて、本の表紙のように表側にペタン。

[整理整頓の助っ人？ ユニーク収納アイテム]

112
/150

内面にはタイベック®という、滑りのいいポリエチレン製の不織布を使用。ナイロン地やつや消しのラミネート地でも代用可。

プリント収納ケース

学校からのプリントなどをひとまとめ。2段階にオープンし、A4はそのまま、B4は二つ折りで収納できます。（Design／平 紀子さん）
でき上がりサイズ：（三つ折りの状態）約縦22.5×横15.5cm

作り方 ➡ p.133

[整理整頓の助っ人？ ユニーク収納アイテム] Chapter 4

たためる小物入れ

正方形の布を数カ所縫いとめただけの、折り紙のような小物入れ。
表裏の布色に差をつけると華やかな印象に。(Design／hanacoさん)

でき上がりサイズ： 113 (SS) 約底4.5cm四方×高さ3cm　114 (S) 約底7cm四方×高さ4cm
　　　　　　　　 115 (M) 約底9cm四方×高さ5cm　116 (L) 約底11cm四方×高さ6cm
　　　　　　　　 117 (LL) 約底13cm四方×高さ7cm

作り方➡ p.134

使わないときは、立体のまま入れ子に重ねたり、平らな状態にしてたたんだりも。

まるっと収納巾着

開けばマット状に、口を絞れば巾着に。かさばるものほどフレキシブルに収納できるスグレモノです。(Design／二瓶尚子さん)

でき上がりサイズ（広げた状態）：
118 (小) 約42.5cm四方、119 (大) 約80.5cm四方

作り方➡ p.135

サイズをぐっと小さくしたらお弁当袋にも。広げればランチョンマットとして使えて便利。

1

2

1 中央におもちゃを乗せれば、お片づけもあっという間！　2 内面と外面を縫い合わせたら、四隅を折ってひも通しのステッチをかけるだけ。内面布が大きく見えるので、生地選びにこだわって。

毎日が楽しくなる！便利グッズ

耳長うさぎのストラップ

端ぎれと軍手を組み合わせて作る、キュートなうさぎ。耳につけたドットボタンでお役立ちグッズに変身！
（Design／山森かよさん）
でき上がりサイズ：全長約24cm

作り方 ➡ p.136

長い耳の先端につけたドットボタンは、エコバッグやコードをまとめるのに便利。

折り上げ方

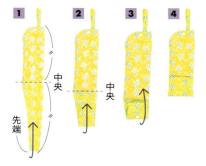

1 写真の向きにして、先端を中央に合わせて折る。2 下側を中央に合わせて折る。3 下側を折り上げるようにしてドットボタンをとめる。

丸め方

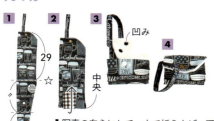

1 写真の向きにして、☆で折り上げ、下側を半分に折る。2 ドットボタン（凸）が見えるまで下側をくるくると巻く。3 口側をめくってドットボタン（凹）を出し、下側のドットボタン（凸）にとめる。

2way傘入れ

長傘と折りたたみ傘の両方に使えるナイロン製の傘カバー。内側にタオル地などを使えば、水滴の心配も不要です。（Design／中西美歩さん）
でき上がりサイズ：
（伸ばした状態）各約縦66×横12cm

作り方 ➡ p.137

長傘用にも！
下部分のボタンをはずして伸ばせば、長傘にも対応。

[Chapter 4] 毎日が楽しくなる！便利グッズ

黒ネコのクリップ

内側に洗濯バサミを仕込んだ、黒ネコのクリップ。お菓子の袋をとめたりカーテンクリップにしたりと働き者です。（Design／田巻由衣さん）

でき上がりサイズ：（しっぽ分除く）全長約8.5cm

作り方 → p.138

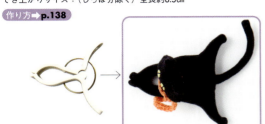

洗濯バサミは100円ショップなどで売られているシングルタイプのものを使用。洗濯バサミがそのままネコの形に！

122 /150

衿仕立てのボトルケース

遊び心あふれるボトルケースは、内側に保温保冷シートを使用。持ち手は車中などで引っかけられるので便利です。（Design／小泉幸子さん）

でき上がりサイズ：約縦24×横6cm、まち幅約5.5cm

作り方 → p.139

123 /150

市販品には見られないウール地や牛柄のジャージー素材などで、オリジナリティをプラス。衿は折っても（右）伸ばしても（左）使えるデザイン。

My カトラリーケース

外出時に持参したいカトラリーケース。シリコーンシートは衛生面のほか、布の汚れ防止にも効果的です。（Design／平 紀子さん）

でき上がりサイズ：1辺約25cm

作り方 → p.140

折りたたみ方

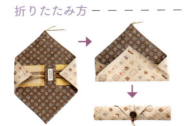

124 /150

シリコンシート

3way 折りたたみバッグ

外出時はハーフサイズ、荷物が増えたらフルサイズに。メリハリのある布合わせを考えるのも楽しそう。（Design／谷田優江さん）

でき上がりサイズ：（伸ばした状態）
約縦38×横29cm、まち幅約14cm

作り方 ➡ p.141

フルサイズで肩ひもを使うときは、ドットボタンをとめて固定する。

上部を内側に折り込めばハーフサイズに。斜め掛けにすればタウンバッグとしても使える。

手作りならでは アイデアバッグ

ペーパーバッグ風ポーチ

四角い布を折って縫うだけなので、かわいいだけでなく、仕立ても単純。紙袋のようなまちがユニークです。（Design／しらべのりこさん）

でき上がりサイズ：約縦12×横18.5cm、まち幅約7cm

作り方 ➡ p.144

1

2

1 内側に折り込んでいるので、側面に三角形のポケットができる。2 折りたためばペッタンコに。旅行などにも重宝しそう。

[手作りならではアイデアバッグ] Chapter 4

127
150

ボトル ぴったりバッグ

同じサイズのトートバッグ2つを、中央で縫いとめただけ。ボトルのほか、バゲットなどの細長いものもOK！（Design／菊池明子さん）
でき上がりサイズ：（平らな状態）
約縦26.5×横32.5cm

作り方 ➡ p.142

接着芯を貼って強度をアップ。裏布代わりにするので、見えてもいい織物タイプの接着芯がおすすめです。

ケータリング 手提げバッグ

ケーキの箱や重箱用というニッチなバッグ。ぐるりと通した持ち手は、キュッと絞れて安定感が増します。
（Design／菊池明子さん）
でき上がりサイズ：
約縦37.5×横26cm、まち幅約26cm

作り方 ➡ p.142

6号サイズが2箱重ねられるが、中身が大きくなるほど持ち手は短くなる。

128
150

Chapter 5 時短が叶うデザインも！
素材が主役の個性派グッズ22

ナイロンやラミネート、革素材にボアやファー。素材にこだわると
作品に存在感が加わります。切りっぱなしOKなど、時短に役立つメリットも！

129
150

[軽くて便利なナイロン＆
個性的なリアルプリント]

ナイロン素材の
エコバッグ

ありそうでなかった裏布付きのナイロン製エコバッグ。縫い代の始末が不要なうえ、2枚仕立てで安心感もUP。（Design／荒岡絵美子さん）

でき上がりサイズ：
（バッグ）約縦57×横37cm、まち幅約13cm
（収納袋）約縦12×横16cm

作り方➡ **p.145**

おそろいの収納袋は、出し入れしやすいよう、あえてファスナーなしの仕様に。

長い野菜用エコバッグ

ゴボウやフランスパンも、これならすっぽり！食材が中で泳がないよう、縦に仕切りのステッチを入れています。（Design／菊池明子さん）

でき上がりサイズ：約縦44.5×横27cm

作り方➡ **p.146**

How to fold

1 内ポケットを外に出し、持ち手を下げる。★の幅を半分に折る。2 さらに、内ポケットの端にそろえて折る。3 本体を底から三つ折りにする。4・5 内ポケットに入れ込む。

130
150

地面につかないよう、持ち手は肩にかけられる長さに。かご柄のナイロンオックスを使用。

[軽くて便利なナイロン＆個性的なリアルプリント]

Chapter 5

花かごのバッグ
＆チャーム

北欧風のかご柄を生かした、花かごのようなバッグ。チャームには花のモチーフを縫いつけてさらに立体的に。（Design／平松千賀子さん）

でき上がりサイズ：
131（バッグ）約縦20.5× 横13cm、まち幅約5cm
132（チャーム）約縦5.5× 横3.5cm、まち幅約1.5cm

作り方 ➡ p.148

花のモチーフは、かごからあふれるように縫いつけるのがコツ。

131 / 150

132 / 150

かご編み柄
マルシェバッグ

かご編み柄のプリントと、裏布には保冷シートを使用した大容量バッグ。口布は飛び出し防止を兼ねて巾着状に。（Design／渡辺志津子さん）

でき上がりサイズ：底約短径18× 長径28cm、高さ約25cm

作り方 ➡ p.147

133 / 150

1 コンパクトに折りたたむこともできる。**2** 保温保冷シートは、生鮮食品を運ぶのにも安心。**3** 買い物のときは、たたむ際に使用する留めベルトを底側に固定。

ラウンドフリルの
バネ口ポーチ

白の合皮とゴールドのコンビがエレガント。切ってもほつれてこない合皮は、一枚仕立ての作品にうってつけです。（Design／田巻由衣さん）
でき上がりサイズ：約縦19×横16cm

作り方 ➡ **p.149**

フリルは縫ってからカットしてもOK。この作品は、針は14号、糸は60番、テフロン押さえを使用。ミシンの機種や合皮の厚みによっては縫えない場合もあるので、事前に確認を。

［革や合皮は切りっぱなしでOK］

ボストンBAG風
ペンケース

エナメル風の合皮を駆使した、こだわりの詰まったペンケース。たくさん入って自立するのも使いやすい！（Design／田巻由衣さん）
でき上がりサイズ：約縦10×横19cm、まち幅約5cm

作り方 ➡ **p.148**

1 タブを挟むと、ファスナーが開けやすくなる。**2** 2cm幅のテープに0.7cm幅のロゴテープを重ねておしゃれに。

Chapter 5

[革や合皮は切りっぱなしでOK]

ポケットいっぱいマルチケース

発色のよいスエードを使用した、おしゃれなペタンコケース。パタンと閉じたら、オレンジのゴムテープでとめるだけ。（Design／永瀬さやかさん）

でき上がりサイズ：
（閉じた状態）約縦19.5×横11.5cm

作り方 ➡ p.150

1 革素材はまち針が効かないので、仮どめクリップを活用。テフロン押さえに替え、針はレザー用にすると縫いやすい。**2** 糸は、2色の革のどちらにも似合う色をチョイス。

136
150

ヒップにかけるスマホケース

ベルトにかけてポケット代わりにするスマホケース。革や英字タグなどを効果的に使ったメンズライクな仕上がりです。（Design／安川宮子さん）

でき上がりサイズ：各約縦17×横11cm

作り方 ➡ p.150

（下左）前面の革は、形を生かして使用。ボタンの下はマジックテープ。（下右）後ろ面のポケットにはビニールを使用。ICカードなどを収納しても。

137
150

ネームホルダー兼名刺入れ

学校訪問時などに便利なネームホルダー。会社では社員証のほか、ポケットに名刺を入れることもできます。（Design／たけざわひろこさん）

でき上がりサイズ：（本体）約縦10×横11cm

作り方 ➡ p.151

名札を入れるポケット部分には透明シートを利用。縫う際はテフロン押さえに替える。

ミシン押さえを替えれば簡単！ビニール＆ラミネート

マグネットポケット

冷蔵庫や玄関ドアなどに便利に使えるマグネット入りポケット。ビニールのポケットは中身が一目瞭然！（Design／HiMiさん）

でき上がりサイズ：
（小）約縦10×横11cm
（大）約縦14×横15cm

作り方 ➡ p.152

マグネットを先に入れて縫うとミシンの針板にくっついてしまうので、最後に入れるのがコツ。

[ミシン押さえを替えれば簡単！ビニール＆ラミネート]

Chapter 5

しゅわしゅわドリンクの
スマホショルダー

合皮で作る泡と、ビニールで作るグラスの異素材マッチング！ 夏らしい遊び心あふれるデザインが秀逸です。（Design／田巻由衣さん）

でき上がりサイズ：各約縦16×横10cm、まち幅約4cm

作り方 ➡ p.152

140/150

カシメをつける際、PVCの厚みが足りないようなら、小さな端ぎれを挟むとよい。

マスク＆
歯ブラシケース

撥水性のあるラミネート素材を使い、一枚仕立ての直線縫いだけで仕上がる2作品。どちらも大量製作の強い味方！（Design／清水友美さん）

でき上がりサイズ：
141（マスクケース・閉じた状態）約縦13×横21cm
142（歯ブラシケース）約縦5.5×横23cm

作り方 ➡ p.153

142/150

141/150

マスクケースはマジックテープで開閉する仕組み。レーステープやリボンの持ち手をつけてバッグ形に。

発色のよいラミネートに合わせて、2色ファスナーでカラフルに。端ぎれでファスナーチャームもプラス。

後ろ面は綿レース生地で、フリルと雰囲気をそろえている。

本体のボーダー柄とフリルを同系色にすると統一感が出る。ボーダーの幅は細めがおすすめ。

[ビジューな素材で たちまちエレガントに]

フリルポーチ

切りっぱなしOKのチュールをたっぷり使用。本体のボーダー柄をガイドにチュールを縫いつけるアイデアがグッドです。
(Design／田中まみさん)
でき上がりサイズ：各約縦10×横12cm、まち幅約3cm
作り方 ➡ p.154

ブレスレットポーチ

ファーのブレスレットがポーチとは斬新！ ゴールドの金具や合皮のテープづかいで、ワンランク上の仕上がりに。(Design／田巻由衣さん)
でき上がり：約縦6×横12cm
作り方 ➡ p.155

Chapter 5

[ビジューな素材でたちまちエレガントに]

インド刺しゅうリボンのポーチ

ポーチの主役は、トレンド素材のインド刺しゅうリボン。無地部分にはピンタックで立体感を出し、華やぎを添えて。（Design／平松千賀子さん）
でき上がりサイズ：各約縦12.5×横16.5㎝

作り方 ➡ **p.156**

145
/150

レディな巾着バッグ

華やかなゴールドのチュールレースで作る巾着バッグ。持ち手やひもも同色にして、上品に仕上げました。（Design／相﨑美帆さん）
でき上がりサイズ：
約縦35×横28㎝、まち幅約10㎝

作り方 ➡ **p.157**

持ち手はサテンリボンにブレードを重ねて、デザインのポイントに。

切った布端がほつれてこないのが、チュールレースのメリット。ずれやすいので、ゆっくり慎重に縫うのがコツ。

146
/150

69

［あったか素材は秋冬の定番商品］

ボア生地のハンドウォーマー

内側は暖かいボア生地、外側は秋冬らしいジャカードニット。指先が出ているのでスマホ操作もできます。（Design／菊池明子さん）
でき上がりサイズ：約縦23×横11cm
作り方 ➡ p.159

フリースクリーナー

ホコリが取れるクリーナーは静電気が起きやすいフリース製。シックな花柄との組み合わせがおしゃれ。（Design／菊池明子さん）
でき上がりサイズ：約縦16×横12cm
作り方 ➡ p.158

147 /150

ミトンのように手を入れて、さっとひと拭き。フリースは引火しやすいので、火気の近くでの使用には注意。

148 /150

チェック柄のルームシューズ

実用面だけでなく、置いておくだけでもキュートなウール地のルームシューズ。鮮やかなイエローが効いています。（Design／津田蘭子さん）
でき上がりサイズ：**149**（大）約28cm
150（小）約26cm
作り方 ➡ p.160

キルト芯を2枚重ねているので柔らかく、歩きやすい。滑り止めは必ずつけて。

149 /150

150 /150

- 作り方イラスト内の数字の単位はcmです。
- 布の用尺で○×○cmと記載されているものは、横(幅)×縦です。
- 用尺は多めに設定しています。
- 材料は特に記載のない限り、1個分です。
- 作り方ページに「実物大型紙」と表示されている作品は、一部、またはすべてのパーツを、綴じ込み、またはp.166〜の実物大型紙を使って作ります。表示がない作品は、パーツが直線でできているので型紙がありません。解説図内の寸法を見てご自身で型紙を作るか、布に直接線を引いてご用意ください。

How to make

作り方

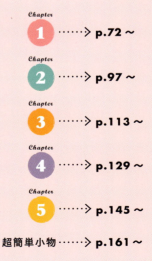

Chapter 1 ……▷ p.72〜
Chapter 2 ……▷ p.97〜
Chapter 3 ……▷ p.113〜
Chapter 4 ……▷ p.129〜
Chapter 5 ……▷ p.145〜
超簡単小物……▷ p.161〜

1
p.3
実物大型紙 B面

ふっくらハートのポーチ

でき上がりサイズ　約縦14.5×横15cm、まち幅約6cm

材料　本体表布・裏布50×40cm、アップリケ用ニット20cm四方、接着芯25×40cm、接着キルト芯25×40cm、20cmファスナー1本、0.3cm幅合皮テープ10cm、25番刺しゅう糸、好みの飾り、キーホルダー、わた。

1 表布を作ります

2 裏布を作り、まとめます

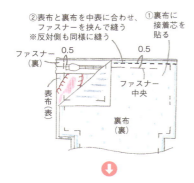

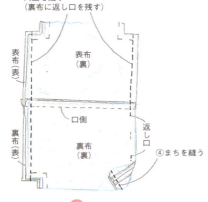

3
p.3

トートバッグ型ポーチ
2は3と同様に作る

でき上がりサイズ　2（小）約縦14.5×横16cm　3（大）約縦14×横21cm

材料　表布a50×15cm、表布b・持ち手・裏布70×40cm、20cmファスナー1本、タグ、好みの飾り。

※サイズ別に色分け：大・小
☆縫い代は指定以外1cmつける

1 持ち手を作ります

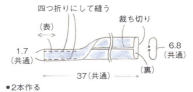

2 表布を作ります

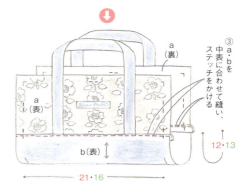

11

p.5
実物大型紙 p.167

ワンポイント刺しゅうのミニがま口

9 10 は11と同様に作る

でき上がりサイズ　約縦6.5×横7.5cm

材料　表布35×20cm、裏布20cm四方、接着キルト芯25×15cm、25番刺しゅう糸、5cm幅×高さ3.5cmカン付き口金、紙ひも。

1 前面表布を作ります

☆全て裁ち切り

2 表袋と裏袋を作ります

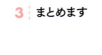

3 まとめます

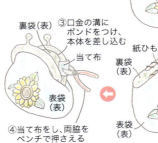

3 まとめます

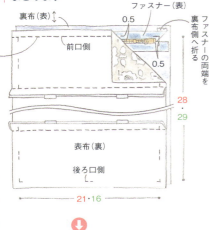

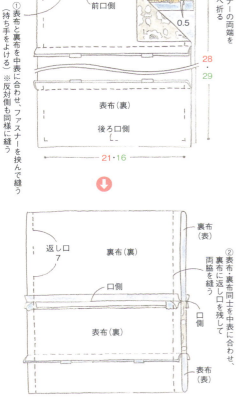

ステッチの刺し方

レイズドリーフステッチ
フィッシュボーンステッチ
バリオンステッチ

6 p.4 窓ファスナーのポーチ（ミニバッグ）

4 5 7 は6と同様に作る

でき上がりサイズ　（ミニバッグ）約縦18×横17.5cm、まち幅約8cm

材料（ミニバッグ）　表布30×50cm、裏布30×50cm、持ち手25×35cm、接着芯30×50cm、両面接着テープ、20cmファスナー1本。

※〔 〕はポーチ、【 】はペンケースの寸法（ともに持ち手はなし）

☆縫い代は指定以外1cmつける

1 各パーツを作ります

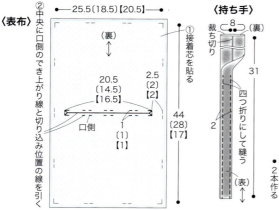

2 まとめます

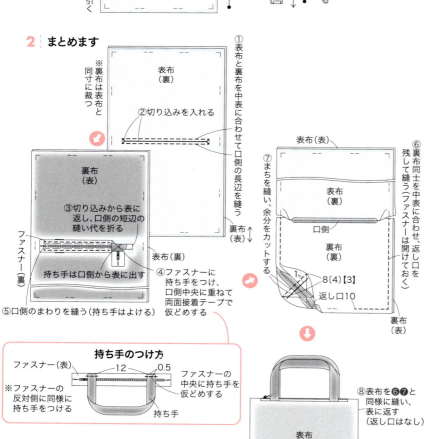

8 p.5 まぁるいぷっくりポーチ

実物大型紙 p.166

でき上がりサイズ　約縦16×横16cm

材料　表布A・花20cm四方、表布B50×20cm、裏布45×25cm、接着キルト芯50×25cm、1.3cm幅レース15cm、20cmファスナー1本、0.6cm径パールビーズ1個。

☆縫い代は指定以外1cmつける

1 花を作ります

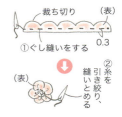

2 表袋と裏袋を作ります

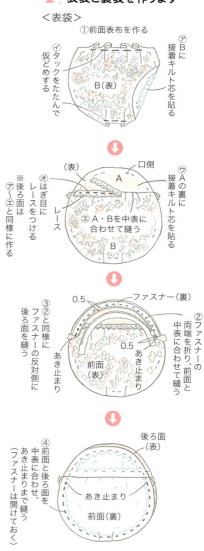

12

p.6

実物大型紙 C面

手のひらサイズの アクセサリーケース

でき上がりサイズ （閉じた状態）約6cm四方

材料　表布20×25cm、裏布20×25cm、接着芯20×25cm、接着キルト芯15×20cm、0.5cm径スナップ1組、モチーフレース、ラインストーン。

☆縫い代は1cmつける

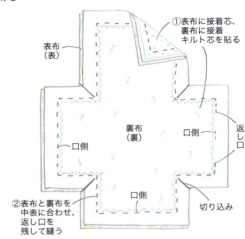

①表布に接着芯、裏布に接着キルト芯を貼る

②表布と裏布を中表に合わせ、返し口を残して縫う

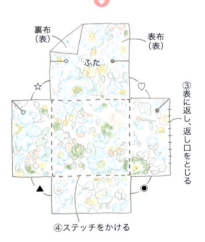

③表に返し、返し口をとじる

④ステッチをかける

⑤♡、☆、●、▲同士突き合わせにし、縫い合わせる

⑦アイロンで折り目をつける

⑥スナップをつける

⑧ふたにモチーフレースとラインストーンをつけ、折りたたむ

ラインストーン

モチーフレース

〈裏袋〉

①タックをたたむ

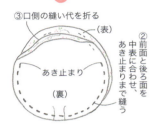

②前面と後ろ面を中表に合わせ、あき止まりまで縫う

③口側の縫い代を折る

3 まとめます

①表袋と裏袋を外表に合わせ、ファスナーに裏袋をまつる

②バランスをみて花をつけ、中央にビーズをつける

13

p.6
実物大型紙 p.178

ミニミニポーチ

でき上がりサイズ 約縦4.5×横14cm、まち幅約6cm

材料 表布a20×30cm、表布b20×30cm、裏布30cm四方、薄手接着キルト芯30cm四方、1.2cm幅レース25cm、1cm幅テープ10cm、1.5cm幅Dカン2個、1.5cm径ボタン柄ネジ留めマグネットホック1組、ナスカン付き持ち手、厚紙。

☆縫い代は0.7cmつける

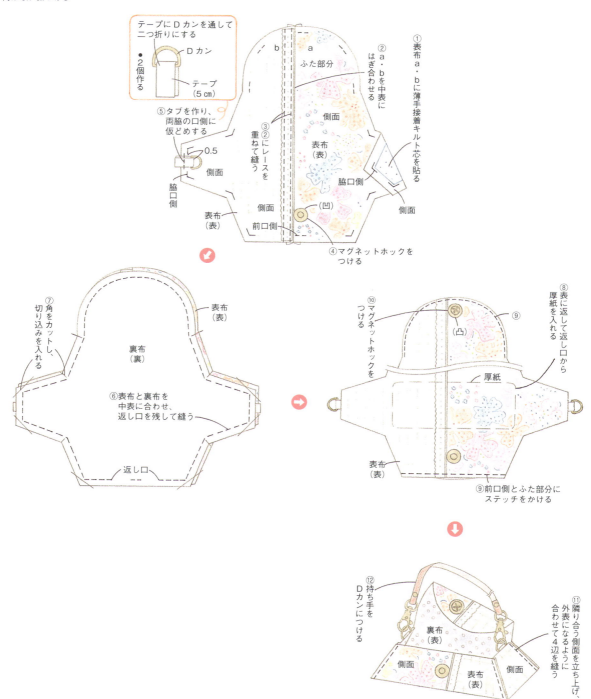

16
p.7

実物大型紙 **A**面

ドロップバネポーチ

Chapter 1

13
16

でき上がりサイズ　約縦18.5×横12.5cm、まち幅約3cm

材料　本体表布45×30cm、ポケット表布20×25cm、口布35×10cm、裏布50×30cm、アップリケ布、0.3cm径ワックスコード50cm、2cm径ボタン1個、12cm幅バネ口金。

☆縫い代は指定以外 0.7 cmつける

1 各パーツを作ります

〈ポケット〉

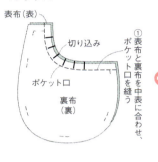
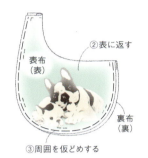

〈口布〉

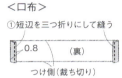
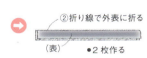

●2枚作る

2 表袋と裏袋を作ります

〈表袋〉

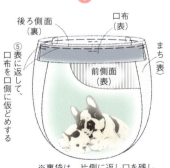

※裏袋は、片側に返し口を残し、④と同様に縫う

3 まとめます

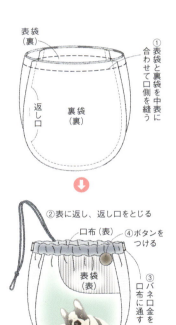

77

15
p.7
実物大型紙 A面

まんまるキノコちゃんポーチ
14は15と同様に作る

でき上がりサイズ　14（大）直径約14cm　15（小）直径約12cm

材料（小）　前面表布・ポケット50×20cm、前面裏布20cm四方、端布10cm四方、顔10cm四方、接着キルト芯15cm四方、1.5cm幅テープ5cm、モチーフレース、10cmファスナー1本、ボールチェーン、25番刺しゅう糸。

☆縫い代は1cmつける

1 各パーツを作ります

〈ポケット〉

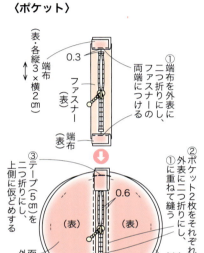

〈前面表布〉

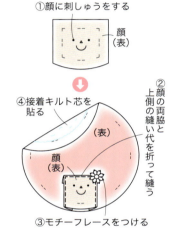

2 まとめます

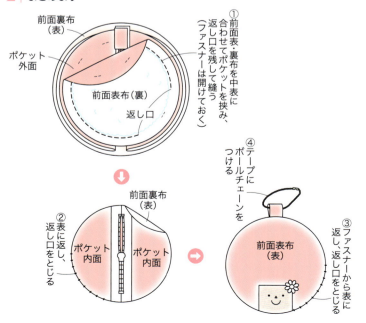

17
p.8
実物大型紙 p.168

まあるい巾着

でき上がりサイズ　約縦10×横16cm

材料　表布25cm四方、裏布25cm四方、口布25×20cm、0.2cm径コード1m。

☆縫い代は指定以外0.7cmつける

1 口布を作ります

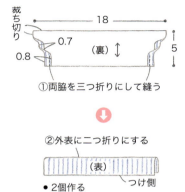

2 表袋と裏袋を作ります

〈表袋〉

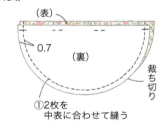

〈裏袋〉

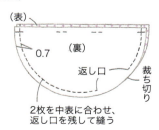

18
p.8 スクエア巾着

でき上がりサイズ　（小）約縦12×横10cm、まち幅約10cm
　　　　　　　　（大）約縦14×横12cm、まち幅約12cm

材料(小)　本体A30×40cm、本体B30×40cm、両面接着芯10cm四方、0.4cm径ひも1.1m。

☆縫い代は1cmつける　※（　）内の数字は大の寸法

3 まとめます

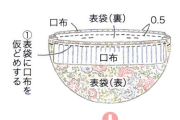

①表袋に口布を仮どめする

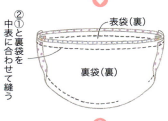

②①と裏袋を中表に合わせて縫う

③表に返し、返し口をとじる

④口布にコード（各50cm）を通して結ぶ

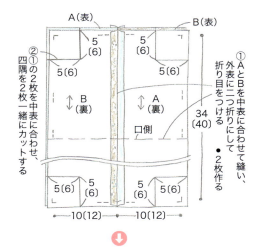

①AとBを中表に合わせて縫い、外表に二つ折りにして折り目をつける
・2枚作る

②①の2枚を中表に合わせ、四隅を2枚一緒にカットする

③通し口を残して両脇と底を縫う

④通し口の縫い代を折り、両面接着芯（各縦5×横1cm）で貼る

⑤まちを縫う

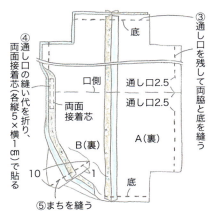

⑥上と下のまちを重ねて縫う

※反対側を同様に縫う

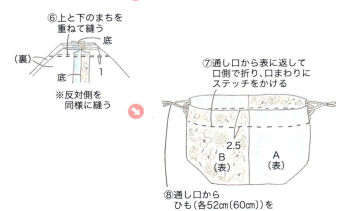

⑦通し口から表に返して口側で折り、口まわりにステッチをかける

⑧通し口からひも（各52cm(60cm)）を通して結ぶ

20
p.9
実物大型紙 p.169

リバーシブルの巾着
19 は 20 と同様に作る

でき上がりサイズ　19（開いた状態・大）直径約28cm　20（開いた状態・小）直径約10cm

材料(小)　表布 a 20×15cm、表布 b 20×15cm、裏布25cm四方、口布30×15cm、0.4cm幅リボン1.2m。

※大は [ ] 内の寸法で作る　☆全て裁ち切り

1 口布を作ります

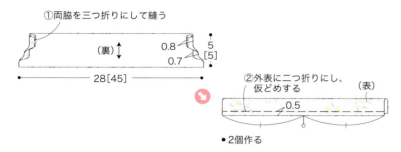

2 本体を作り、まとめます

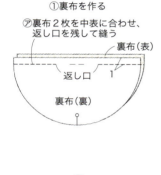
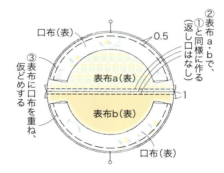

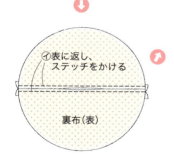
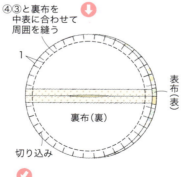

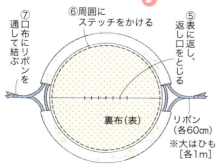

23
p.9
実物大型紙 A面

フルーツ形の巾着（イチゴ）

でき上がりサイズ　約縦25×横29.5cm

材料　後ろ面表布 a 35×20cm、後ろ面表布 b・前面表布用ボア 60×25cm、口布65×20cm、裏布70×25cm、3cm幅ギャザーレース30cm、0.4cm径ひも1.4m。

☆縫い代は指定以外1cmつける

1 各パーツを作ります

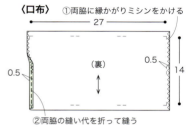

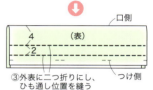

2 表袋と裏袋を作ります

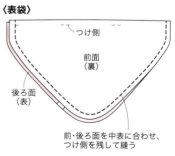

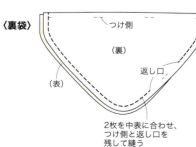

21 22

p.9
実物大型紙 **A**面

フルーツ形の巾着（リンゴ・ミカン）

22 ミカンは軸以外、**21** 同様に作る
（最後に前面に葉をまつる）

Chapter **1**
- 19
- 20
- 21
- 22
- 23

でき上がりサイズ　各約縦19×横22.5cm

材料（リンゴ）　後ろ面表布a30×25cm、後ろ面表布b・前面表布用ボア55×25cm、口布・裏布80×25cm、軸用フェルト15×10cm、3cm幅ギャザーレース30cm、0.4cm径ひも1.2m

☆縫い代は指定以外 1cmつける

1 各パーツを作ります

〈口布〉

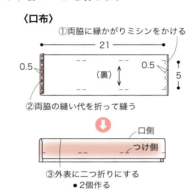

〈後ろ面表布〉

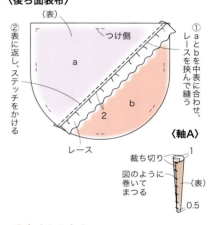

2 表袋と裏袋を作ります

〈表袋〉

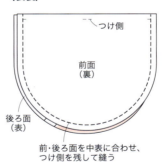

〈裏袋〉

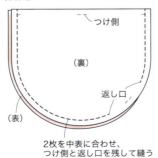

3 まとめます

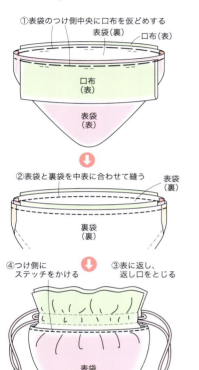

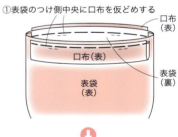

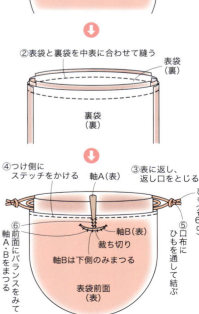

24 じゃばらミニ財布
p.10

でき上がりサイズ 約縦7×横12cm

材料 本体表布・端布25×20cm、本体裏布20cm四方、じゃばらポケット50×30cm、20cmファスナー1本。

☆縫い代は指定以外0.5cmつける

1 じゃばらポケットを作ります

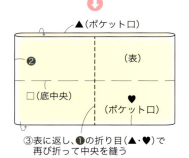

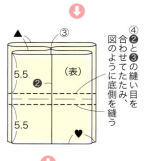

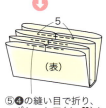

2 本体を作ります

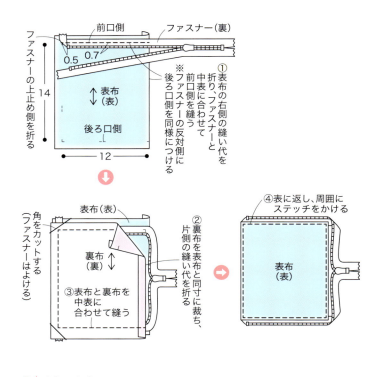

3 まとめます

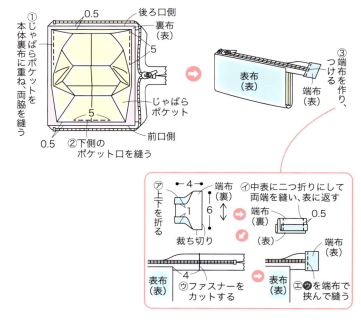

28
p.12

実物大型紙 p.168

がま口タイプのめがねケース

でき上がりサイズ　約縦19×横10cm

材料　表布45×25cm、裏布45×25cm、フリル・パイピング布15cm×1.2m、接着キルト芯30cm四方、25番刺しゅう糸、8.5cm幅×高さ4.5cmくし形口金、紙ひも。

☆縫い代は指定以外1cmつける

1　各パーツを作ります

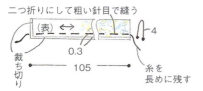
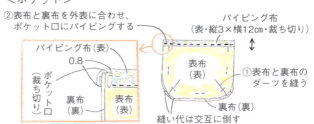

2　表袋と裏袋を作ります

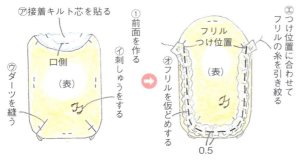

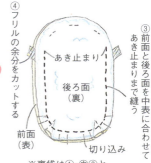

3　まとめます

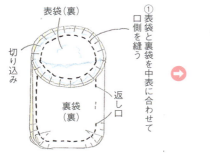
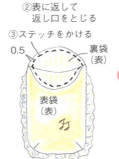
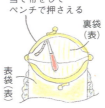

25 p.10
実物大型紙 A面

大きなリボンのお弁当袋

でき上がりサイズ　約縦16×横18cm、まち幅約10cm

材料　本体表布65×30cm、本体裏布65×30cm、リボン布65×35cm、接着芯65×30cm、1.3cm径ドットボタン1組、タグ。

☆縫い代は指定以外1cmつける

1 各パーツを作ります

〈表袋〉

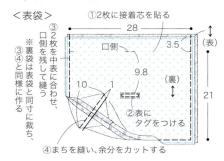

〈リボン〉

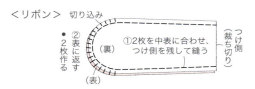

2 まとめます

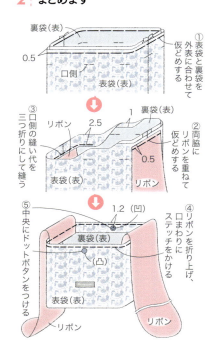

26 p.11
実物大型紙 A面

コインスルーウォレット

でき上がりサイズ　約縦17×横10cm、まち幅約2cm

材料　表布・裏布・ポケット・パイピング布110cm幅×30cm、フラップ・タブ布用合皮20×10cm、1cm幅ゴムテープ15cm、12cmファスナー1本、0.6cm径コード1.6m、2cm幅ナスカン2個、0.8cm径カシメ2組、タグ。

☆縫い代は指定以外1cmつける

1 各パーツを作ります

〈フラップ〉

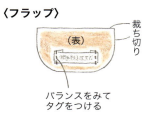

〈後ろ側面表布〉

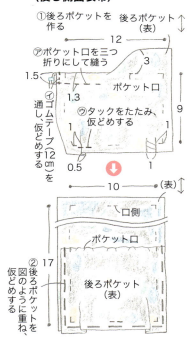

〈前側面表布〉

①前ポケットを作る

⑦ポケット上表・裏布を中表に合わせ、ファスナーを挟んで縫う

⑦表に返し、ポケット口の縫い代を折って縫う

⑨ファスナーの反対側にポケット下を⑦と同様につける

エ⑨にタックをたたみ、仮どめする

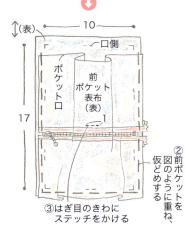

②前ポケットを図のように重ね、仮どめする

③はぎ目のきわにステッチをかける

2 表袋と裏袋を作ります

〈表袋〉

①底とまちを中表に合わせて印から印まで縫う

※底の反対側にもう1枚のまちを①と同様に縫う

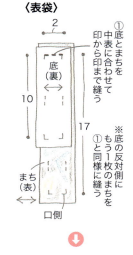

②①と前・後ろ側面を中表に合わせて縫う

※裏袋は表布と同寸に裁ち、同様に縫う

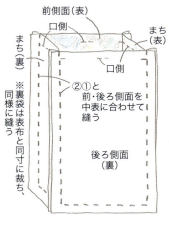

3 まとめます

①表袋と裏袋を中表に合わせ、返し口を残して口側を縫う

②表に返し、返し口をとじる

③フラップを縫いつける

④パイピング布の3辺を折り、表袋と中表に合わせて縫う

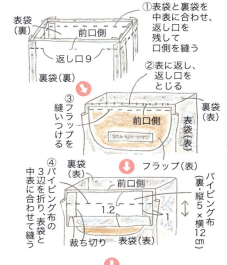

⑤パイピング布で④の縫い代をくるんで縫う

⑥タブを二つ折りにしてナスカンを通し、まちを挟んでカシメでとめる

⑦コード(160cm)の端を輪に結び、ナスカンにつける

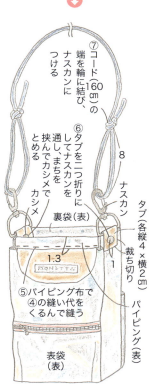

27
p.11  吊るせる おうち形ポケット

でき上がりサイズ　約縦15.5×横11cm

材料　表布・ループ布25×30cm、裏布15×30cm。

☆縫い代は指定以外1cmつける

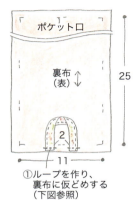

①ループを作り、裏布に仮どめする（下図参照）

ループの作り方

四つ折りにして縫う

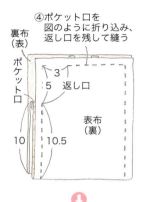

④ポケット口を図のように折り込み、返し口を残して縫う

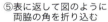

⑤表に返して図のように両脇の角を折り込む

⑥ポケット口までステッチをかける

⑦仕切りのステッチをかける

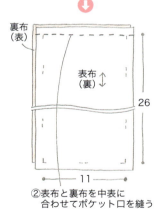

②表布と裏布を中表に合わせてポケット口を縫う

③表に返し、ポケット口にステッチをかける

30
p.13  ミニウォレット

実物大型紙 p.170

でき上がりサイズ　約縦9.5×横11.5cm

材料　本体表布20cm四方、ポケット表布・ファスナーポケット表布35×20cm、本体裏布・ポケット裏布35×20cm、ファスナーポケット裏布20cm四方、接着芯35×20cm、2.5cm幅テープ5cm、1.2cm幅テープ5cm、1.2cm幅Dカン1個、1.2cm径ドットボタン1組、20cmファスナー1本、ナスカン付きチェーン。

☆縫い代は指定以外0.7cmつける

1　各パーツを作ります

＜ポケット＞

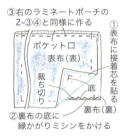

③右のラミネートポーチの2-③④と同様に作る

①表布に接着芯を貼る

②裏布の底に縁かがりミシンをかける

＜ファスナーポケット＞

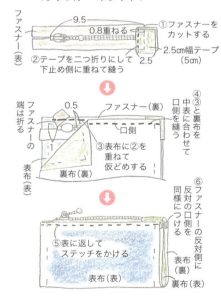

①ファスナーをカットする

②テープを二つ折りにして下止め側に重ねて縫う

③②と裏布を中表に合わせて口側を縫う

④表布に②を重ねて仮どめする

⑤表に返してステッチをかける

⑥ファスナーの反対側に反対の口側に同様につける

31

p.13
実物大型紙
p.171

ラミネートポーチ

でき上がりサイズ　約縦11×横21cm、まち幅約3cm

材料　前側面・底用ラミネート地30×20cm、後ろ側面・ポケット表布a用ラミネート地30cm四方、ポケット表布b用ラミネート地10×15cm、ポケット表布c用ラミネート地10×15cm、ポケット裏布30×15cm、1.2cm幅合皮テープ5cm、1.2cm幅Dカン1個、20cmファスナー1本、タグ。

☆縫い代は指定以外1cmつける

1　タブを作ります

2　ポケットを作ります

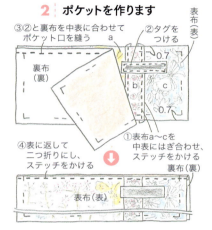

3　まとめます

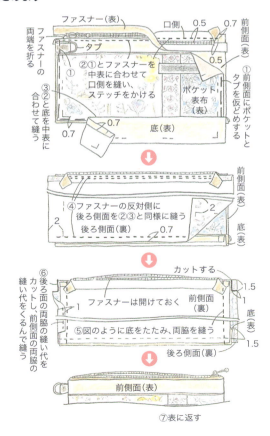

2　まとめます

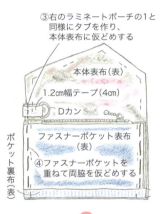
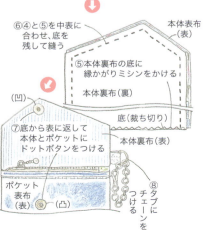

29

p.12

実物大型紙 p.167

ミニトート形ポーチ

でき上がりサイズ　約縦8.5×横10cm、まち幅約3cm

材料　表布a20×25cm、表布b・飾り布20cm四方、裏布20×30cm、接着芯20×30cm、1cm幅リボン40cm、0.7cm幅リボン15cm、1.2cm幅Dカン2個、12cmファスナー1本、好みの飾り、タグ、ナスカン付き持ち手。

☆縫い代は指定以外1cmつける

1 表袋を作ります

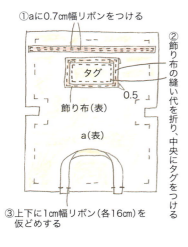

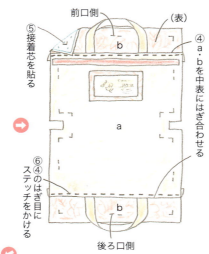

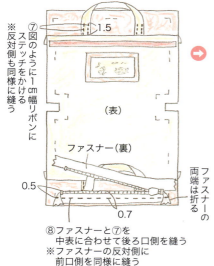

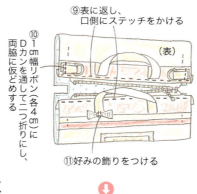

2 裏袋を作ります

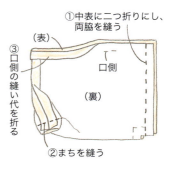

3 まとめます

32
p.13

マルチポーチ

でき上がりサイズ　約縦15.5×横11cm

材料　表布50×30cm、裏布・ポケット30×70cm、接着芯25×10cm、3cm幅レース25cm、0.2cm径コード10cm、1.3cm径ボタン1個、モチーフレース。

☆縫い代は指定以外0.7cmつける

1 ポケットを作ります

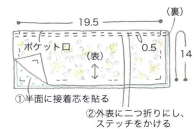

2 表袋と裏袋を作ります

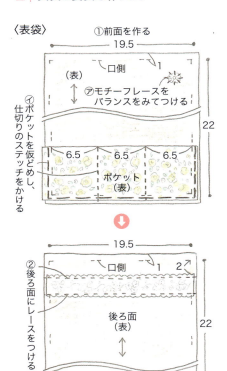

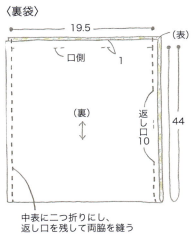

3 まとめます

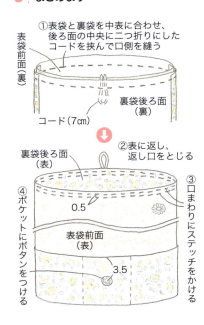

33　34
p.14　　実物大型紙 C面　　実物大型紙 p.16 ⑧

大容量ポーチ＆リップケース

でき上がりサイズ　33　約縦15×横25cm、まち幅約9cm
　　　　　　　　　34　約縦2.5×横9.5cm、まち幅約2.5cm

材料　（大容量ポーチ）表布80×25cm、裏布80×25cm、接着キルト芯80×25cm、24cmファスナー1本、タグ、モチーフレース、タッセル。
　　　（リップケース）本体用ラミネート地20×15cm、0.7cm幅リボン5cm、11cmファスナー1本、カニカン付きストラップ。

☆縫い代は1cmつける

大容量ポーチ

1 前面表布を作ります

2 本体を作ります

3 まとめます

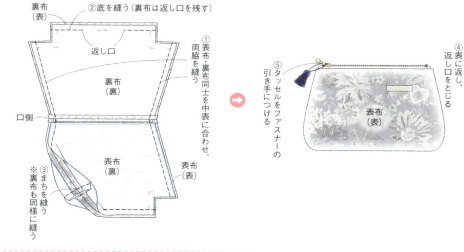

リップケース

1 本体を作ります

2 まとめます

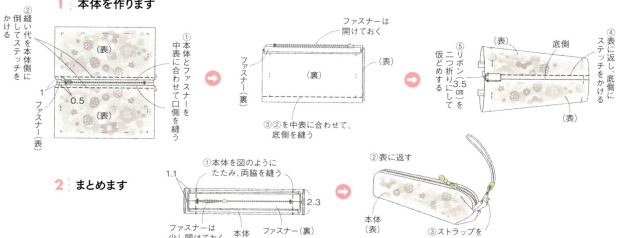

36

p.14
実物大型紙
p.172

フリルのバネポーチ

35 は 36 と同様に作る

でき上がりサイズ　35（小）約縦8×横15.5cm
　　　　　　　　　36（大）約縦10×横18cm

材料（大）本体表布・フリル表布・口布45×30cm、本体裏布45×20cm、
　　　　　フリル裏布30×15cm、接着芯45×15cm、12cm幅バネ口金。

※小は10cm幅口金を使用

☆縫い代は指定以外1cmつける

Chapter 1
33
34
35
36

1 各パーツを作ります

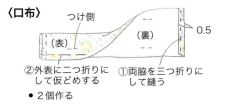

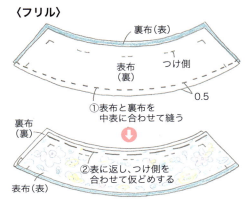

2 本体を作り、まとめます

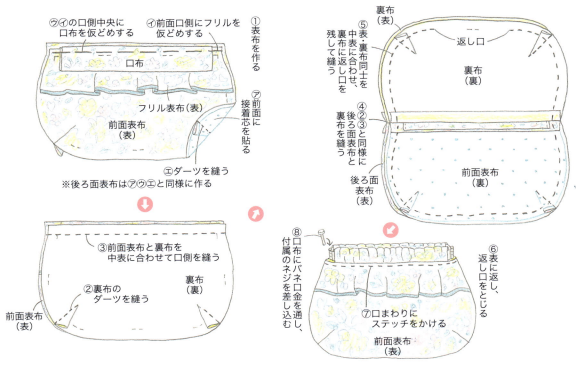

37
p.15

トリプルルームポシェット

でき上がりサイズ 約縦21×横17cm、各まち幅約3cm

材料 外面表布・内ポケット・タブ布75×30cm、内面表布50×30cm、裏布50cm四方、接着芯50cm四方、16cmファスナー1本、1.5cm幅Dカン2個、1.5cm径マグネットホック2組、肩ひも。

☆縫い代は指定以外1cmつける

1 各パーツを作ります

〈内ポケット〉

〈タブ〉

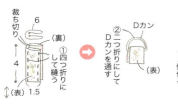

・2個作る

2 本体を作ります

〈本体B〉

※本体Aは本体Bと同寸に裁ち、②〜④と同様に作り、ファスナーの反対側に⑤〜⑦と同様に内面表布と裏布をつける

3 まとめます

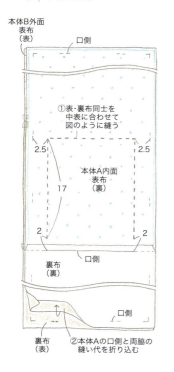

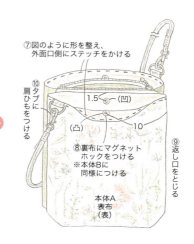

42
p.17

BOXティッシュサコッシュ

でき上がりサイズ　約縦21×横32cm

材料　本体表布・外ポケット・タブ布80×55cm、裏布75×30cm、1.2cm幅伸び止めテープ70cm、2.5cm幅テープ1.2m、35cmフラットニットファスナー1本、2.5cm幅送りカン1個、2cm幅Dカン2個、2.5cm幅ナスカン2個、1.3cm径プラスチック製ドットボタン2組。

☆縫い代は指定以外1cmつける

1　各パーツを作ります

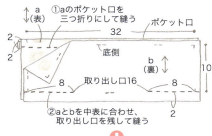

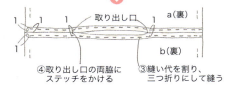

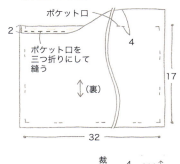

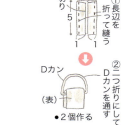

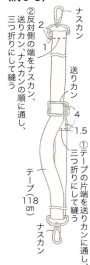

2　本体を作り、まとめます

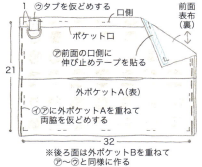

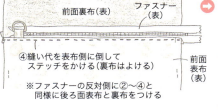

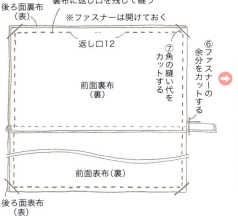

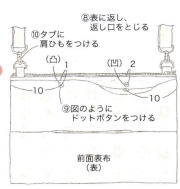

39
p.16
実物大型紙 B面

縦型サコッシュ

でき上がりサイズ　約縦23×横19cm、まち幅約5cm

材料　表布・ファスナーポケット・中ポケットA〜C・内ポケット110cm幅×60cm、前外ポケット用8号帆布25cm四方、裏布75×40cm、20cmファスナー1本、18cmファスナー1本、飾りタブ・タブ・端布用革10cm四方、2.5cm幅Dカン2個、1.5cm幅Dカン1個、0.9cm径カシメ2組、0.6cm径カシメ7組、ナスカン付き2cm幅肩ひも、革タグ

☆縫い代は指定以外1cmつける

1　各パーツを作ります

〈口布〉

①ファスナー下止め側を端布で挟み、0.6cm径カシメでとめる

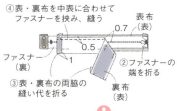

④表・裏布を中表に合わせてファスナーを挟み、縫う
②ファスナーの端を折る
③表・裏布の両脇の縫い代を折る

⑤表に返して周囲にステッチをかける
※反対側も同様に縫う

〈ファスナーポケット〉

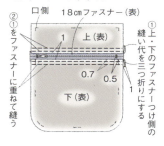

①上・下のファスナーつけ側の縫い代を三つ折りにする
②①をファスナーに重ねて縫う

〈前外ポケット〉

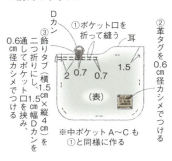

①ポケット口を折って縫う
②革タグを0.6cm径カシメでつける
③飾りタブ（横1.5cm×縦4cm）を二つ折りにし、1.5cm幅Dカンを通してポケット口を挟み、0.6cm径カシメでつける
※中ポケットA〜Cも①と同様に作る

2　表袋と裏袋を作ります

〈裏袋〉

①後ろ側面に内ポケットを仮どめする

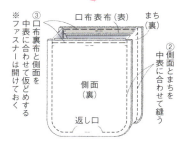

③口布裏布と側面を中表に合わせて仮どめする
※ファスナーは開けておく
②側面とまちを中表に合わせて縫う

3　まとめます

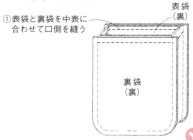

①表袋と裏袋を中表に合わせて口側を縫う

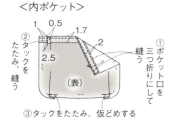

〈内ポケット〉

①ポケット口を三つ折りにして縫う
②タックをたたみ、縫う
③タックをたたみ、仮どめする

〈表袋〉

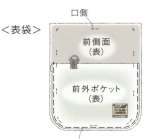

①前側面に前外ポケットを仮どめする

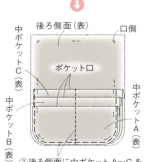

②後ろ側面に中ポケットA〜Cを重ねて仮どめし、中央に仕切りのステッチをかける

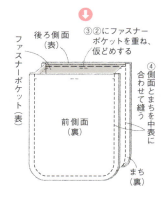

③②にファスナーポケットを重ね、仮どめする
④側面とまちを中表に合わせて縫う

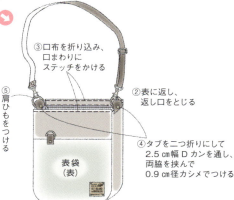

③口布を折り込み、口まわりにステッチをかける
②表に返し、返し口をとじる
⑤肩ひもをつける
④タブを二つ折りにして2.5cm幅Dカンを通し、両脇を挟んで0.9cm径カシメでつける

40 p.16

実物大型紙 D面

水筒ケース

でき上がりサイズ　約底直径9×高さ23.5cm

材料　表布55×35cm、裏布・ティッシュケース・ベルト通し65×35cm、肩当て裏布用キルティング地20×10cm、タブ用革10cm四方、0.9cm幅縁どりバイアステープ40cm、1cm幅テープ5cm、1.5cm幅Dカン2個、0.6cm径カシメ6組、ナスカン付き1.5cm幅肩ひも、25番刺しゅう糸。

☆縫い代は指定以外1cmつける

1 各パーツを作ります

<ティッシュケース>

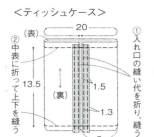
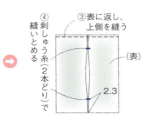

<肩当て>

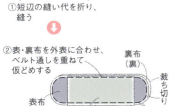

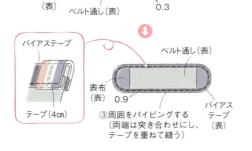

2 表袋と裏袋を作ります

<表袋>

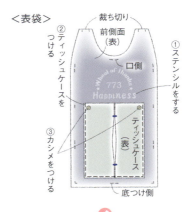

3 まとめます

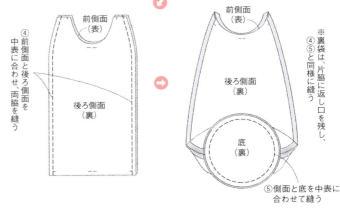

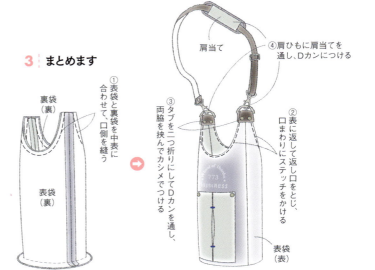

41 p.17

大きめポケットのトートバッグ

実物大型紙 D面

でき上がりサイズ 約底短径14.5×長径25cm、高さ23.5cm

材料 持ち手裏布・外ポケット表布・内ポケット表布60×35cm、側面表布用8号帆布80×30cm、底表布・持ち手表布用8号帆布45×35cm、本体裏布・ポケット裏布110cm幅×50cm、接着芯35×20cm、中央タブ・飾り布用合皮10cm四方、脇タブ用革10cm四方、1.4cm径マグネットホック1組、0.8cm径カシメ3組、0.5cm径カシメ2組、2cm幅Dカン2個、2.3cm幅ナスカン1個、革タグ、ナスカン付き肩ひも。

☆縫い代は指定以外1cmつける

1 各パーツを作ります

〈外ポケット〉

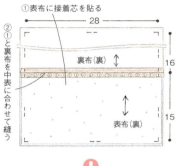

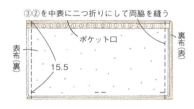

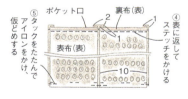

〈持ち手〉

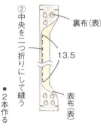

2 表袋と裏袋を作ります

〈表袋〉

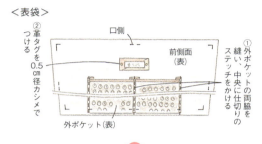

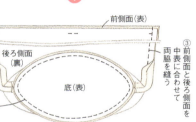

〈裏袋〉

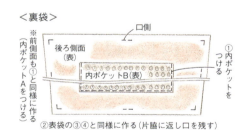

〈内ポケットA・B〉

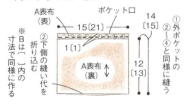

〈中央タブ〉

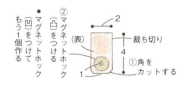

44

p.23
実物大型紙 A面

ダブルファスナーのコインパース

でき上がりサイズ　約縦10×横12cm

材料　外面a25×20cm、外面b25×20cm、内面30×20cm、接着キルト芯30×20cm、4cm幅バイアステープ80cm、1cm幅リボン10cm、16cmファスナー1本、12cmファスナー1本、1cm幅Dカン1個。

1　本体を作ります

☆縫い代は指定以外裁ち切り

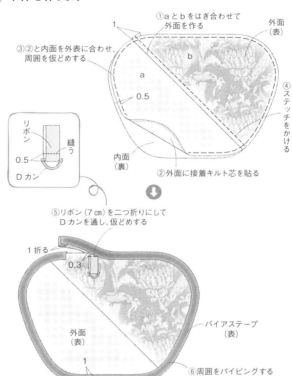

① aとbをはぎ合わせて外面を作る
② 外面に接着キルト芯を貼る
③ ②と内面を外表に合わせ、周囲を仮どめする
④ ステッチをかける
⑤ リボン（7cm）を二つ折りにしてDカンを通し、仮どめする
⑥ 周囲をパイピングする

2　まとめます

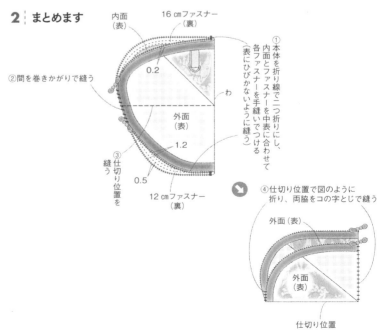

① 本体を折り線で二つ折りにし、内面とファスナーを中表に合わせて各ファスナーを手縫いでつける（表にひびかないように縫う）
② 間を巻きかがりで縫う
③ 仕切り位置を縫う
④ 仕切り位置で図のように折り、両脇をコの字とじで縫う

3　まとめます

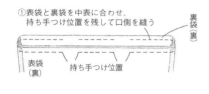

① 表袋と裏袋を中表に合わせ、持ち手つけ位置を残して口側を縫う
② 表に返して返し口をとじる
③ つけ位置に持ち手を差し込み、口まわりにステッチをかける

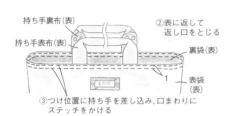
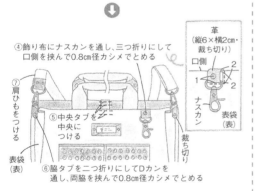

④ 飾り布にナスカンを通し、三つ折りにして口側を挟んで0.8cm径カシメでとめる
⑤ 中央タブを中央につける
⑥ 脇タブを二つ折りにしてDカンを通し、両脇を挟んで0.8cm径カシメでとめる
⑦ 肩ひもをつける

43
p.22
実物大型紙 p.173

コンパクトケース

でき上がりサイズ （閉じた状態）約縦10.5×横5.5cm

材料 パッチワーク布、裏布20cm四方、接着芯30×20cm、両面接着キルト芯20cm四方、1.4cm幅両折りバイアステープ55cm、1.4cm径スナップ1組、タグ。

1 表布を作ります
☆全て裁ち切り

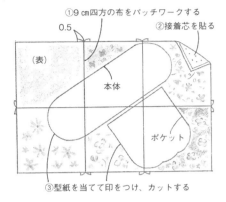

2 本体とポケットを作ります

3 まとめます

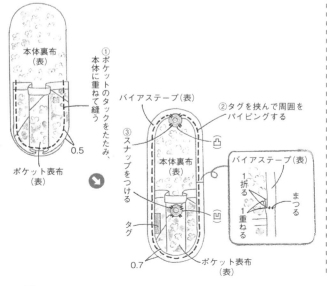

47
p.24
実物大型紙 p.174

フラップポーチ3種
46 48 は**47**と同様に作る

でき上がりサイズ 46（小）約縦8.5×横8cm、まち幅約3cm
47（中）約縦7.5×横16cm、まち幅約5cm
48（大）約縦13.5×横12cm、まち幅約5cm

材料（中） 前面表布・後ろ面表布b・外ポケット75×20cm、後ろ面表布a・フラップ30×20cm、裏布30×25cm、20cmファスナー1本。

☆縫い代は指定以外1cmつける
※サイズは上、または左から順に47（中）・48（大）・46（小）

1 各パーツを作ります

<フラップ>

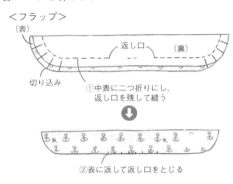

<ポケット>

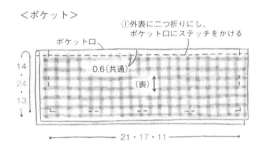

2 表袋と裏袋を作ります

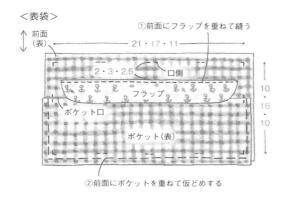

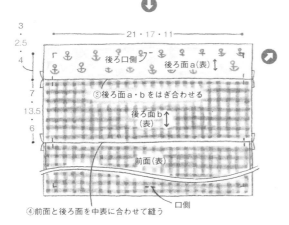

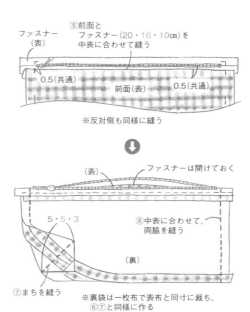

3 まとめます

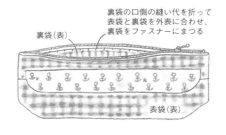

49 p.24 四角パッチの鍋つかみ

でき上がりサイズ　約縦18×横12cm

材料　外面20×25cm、内面用キルティング地20×25cm、ポケットA表布20×15cm、ポケットB表布3種各10×15cm、ポケットA裏布20×15cm、ポケットB裏布20×15cm、キルト芯20×25cm、接着芯35×15cm、0.3cm径ひも10cm、タグ、25番刺しゅう糸

1 ポケットを作ります　☆縫い代は1cmつける

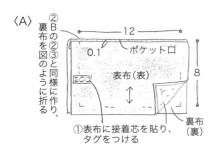

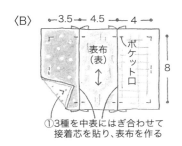

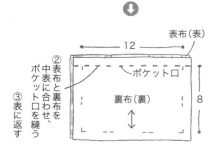

2 まとめます

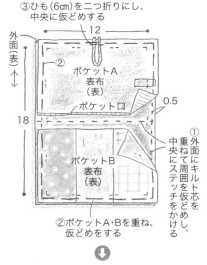

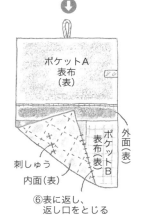

50

p.25
実物大型紙
p.175

台形のmini手提げ

でき上がりサイズ　約縦23×横19cm

材料　パッチワーク布、後ろ面表布・持ち手35×50cm、裏布50×30cm、1cm幅テープ5cm、25番刺しゅう糸。

☆縫い代は指定以外1cmつける

1 持ち手を作ります

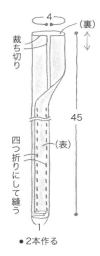

● 2本作る

2 表袋と裏袋を作ります

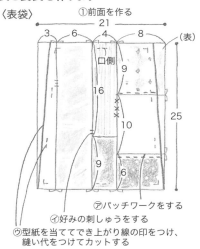

⑦パッチワークをする
④好みの刺しゅうをする
⑨型紙を当ててでき上がり線の印をつけ、縫い代をつけてカットする

↓

②後ろ面の表に好みの刺しゅうをして前面と中表に合わせ、二つ折りにしたテープを挟んで縫う

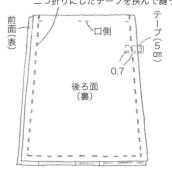

※裏袋は一枚布で②と同様に作る（刺しゅうとテープはなし）

3 まとめます

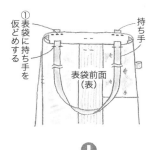

①表袋に持ち手を仮どめする

↓

②表袋と裏袋を返し口を残して中表に口側に合わせ縫う

↓

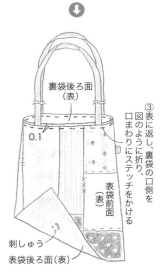

③表に返し、裏袋の口側を図のように折り、口まわりにステッチをかける

52
p.26

一枚布 de
ポケット付きトート

できあがりサイズ　約縦25×横35cm、まち幅約7cm

材料　本体・持ち手110cm幅×1.1m、2.5cm幅テープ70cm、1.3cm径ドットボタン1組、タグ2枚。

☆全て裁ち切り

1 持ち手を作ります

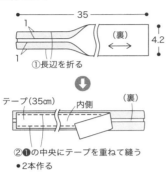

2 本体を作り、まとめます

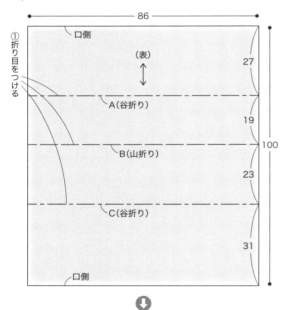

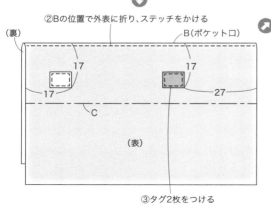

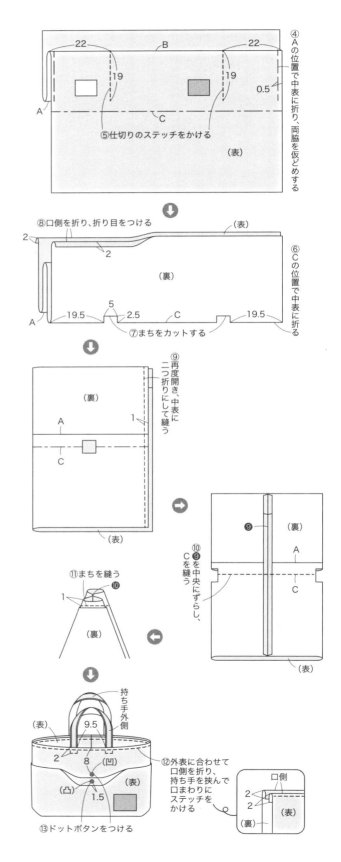

53
p.26 サニタリーポーチ

でき上がりサイズ （閉じた状態）約縦10.5×横11.5cm

材料　パッチワーク布、表布50×20cm、裏布50×20cm、1.3cm幅レースゴム15cm、25番刺しゅう糸。

1 表布を作ります
☆縫い代は1cmつける

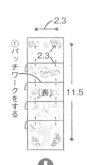

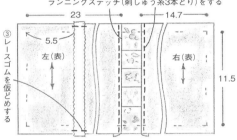

2 まとめます

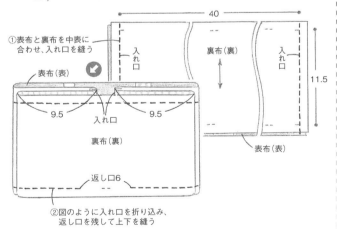

55
p.27 糸巻きフラットポーチ

でき上がりサイズ　約縦13×横12cm

材料　本体15×25cm、パイピング布20×15cm、接着芯15×30cm、20cmファスナー1本。

1 本体を作ります
☆全て裁ち切り

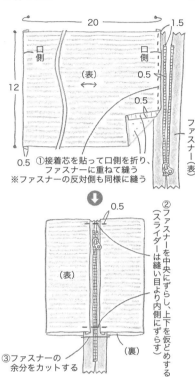

2 まとめます

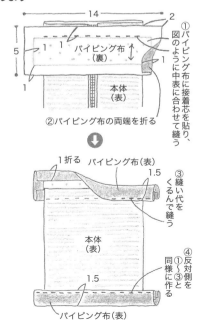

54
p.27

タック入り
キャラメルポーチ

でき上がりサイズ　約縦10×横22cm、まち幅約10.5cm

材料　表布a・ストラップ45×35cm、表布b 30cm四方、裏布50×30cm、
バイアス布20cm四方、20cmファスナー1本。

1 各パーツを作ります
☆縫い代は指定以外1cmつける

＜ストラップ＞

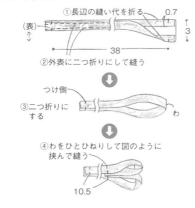

＜バイアス布＞

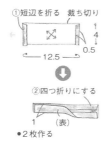

・2枚作る

2 本体を作り、まとめます

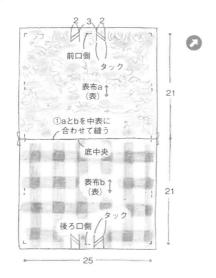

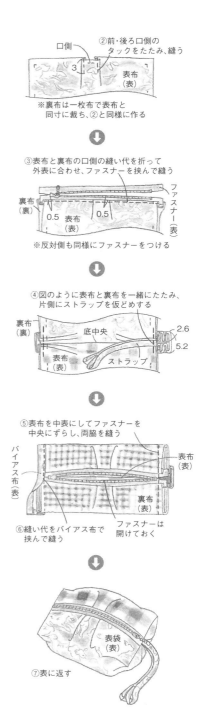

56 / 57
p.28

外三角まちのランチトート／隠しまちのランチトート

Chapter 2
54
56
57

でき上がりサイズ　各約縦15.5×横19cm、まち幅約8cm
材料　表布・持ち手50cm四方、裏布35×45cm。

1 各パーツを作ります

☆縫い代は指定以外1cmつける

〈表布〉
持ち手を口側にまち針で仮どめする

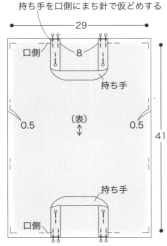

〈持ち手〉
裁ち切り　6　（裏）
1
28
（表）
2
四つ折りにして長辺を縫う
2本作る

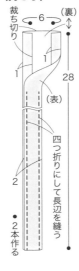

57 "隠しまちのランチトート"のまちの作り方

脇を縫う際に、まちを4cm分折って一緒に縫う。

本体（裏）　まち（4cm折る）

2 本体を作り、まとめます

①表布と裏布を中表に合わせて口側を縫う

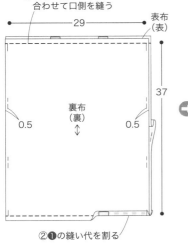

②①の縫い代を割る

③表に返して裏布を中央にし、表・裏布の両脇の縫い代を折り込んで周囲にステッチをかける

④表布を中表にし、底を図のように折って両脇を縫う

⑤表に返す

58
p.29

キャラメルまちの
チューブポーチ

でき上がりサイズ　約縦13×横6cm、まち幅約3.5cm

材料　表布20cm四方、裏布20cm四方、パイピング布15cm四方、1cm幅リボン10cm、20cmフラットニットファスナー1本。

1 タブを作ります

☆全て裁ち切り

リボン（6cm）
0.5
リボンを二つ折りにして仮どめする

2 本体を作り、まとめます

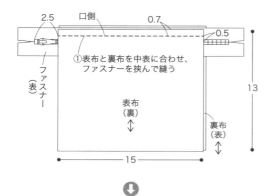

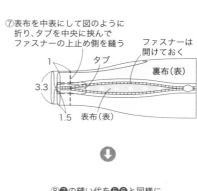

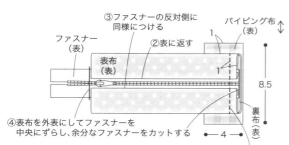

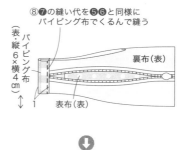

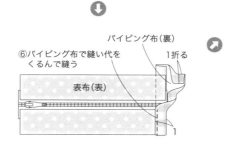

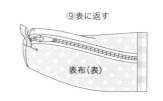

60 貝殻ポーチ

p.30
実物大型紙
p.176

でき上がりサイズ　約縦10.5×横11.5cm

材料　表布15×25cm、裏布15×25cm、接着キルト芯15×25cm、16cmファスナー1本。

☆縫い代は0.5cmつける

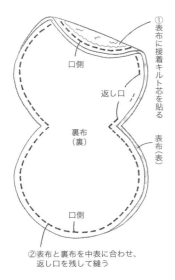

①表布に接着キルト芯を貼る
②表布と裏布を中表に合わせ、返し口を残して縫う

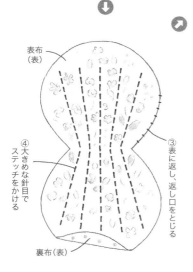

③表に返し、返し口をとじる
④大きめな針目でステッチをかける

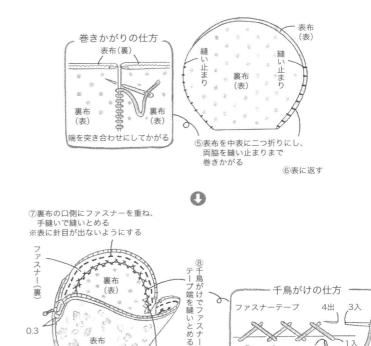

巻きかがりの仕方
端を突き合わせにしてかがる

⑤表布を中表に二つ折りにし、両脇を縫い止まりまで巻きかがる
⑥表に返す

⑦裏布の口側にファスナーを重ね、手縫いで縫いとめる
※表に針目が出ないようにする

⑧千鳥がけでファスナーのテープ端を縫いとめる

ファスナーの両端は折る

千鳥がけの仕方

62
p.31
一枚裁ちの バニティポーチ

実物大型紙 A面

でき上がりサイズ　約幅12×奥行10×高さ8cm

材料　表布35×45cm、裏布・パイピング布45cm四方、1.2cm幅テープ20cm、30cmフラットニットファスナー1本。

☆縫い代は指定以外1cmつける

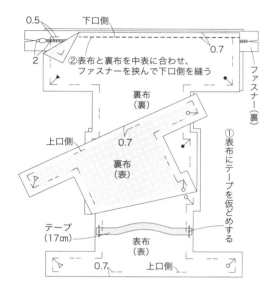

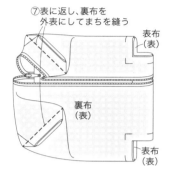

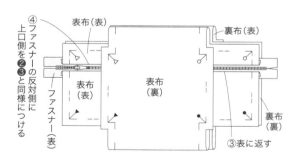

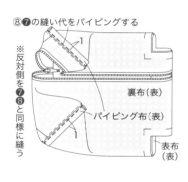

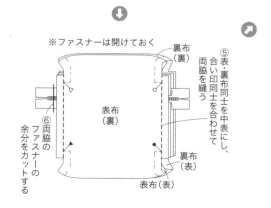

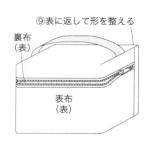

61
p.31
実物大型紙 p.173

コーヒーフィルター型 ポーチ

でき上がりサイズ　約縦8×横11.5cm

材料　本体用ラミネート地25×15cm、0.2cm幅スエードテープ15cm、20cmファスナー1本、2.5cm径二重リング1個、タグ。

☆縫い代は指定以外0.5cmつける

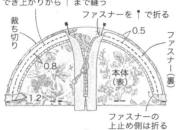

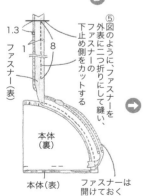

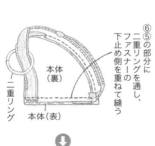

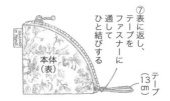

67
p.33
実物大型紙 p.178

コロコロポット

でき上がりサイズ　約縦13×横10cm、まち幅約6cm

材料　表布65×20cm、裏布65×20cm、1.5cm幅テープ25cm。

1　表袋と裏袋を作ります

☆縫い代は1cmつける

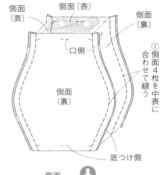

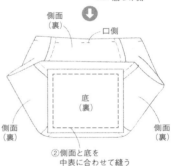

2　まとめます

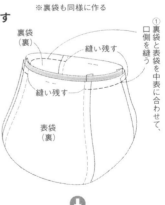

63 4タイプのポーチ ＜Type1＞
p.32
実物大型紙 p.179

でき上がりサイズ　約縦6.5×横15cm、まち幅約6.5cm

材料　表布a 20cm四方、表布b 20×15cm、裏布60×15cm、接着キルト芯60×15cm、16cmファスナー1本。

☆縫い代は0.7cmつける

1 表袋と裏袋を作ります

＜表袋＞

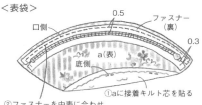

口側／ファスナー（裏）／0.5／0.3／a（表）／底側
①aに接着キルト芯を貼る
②ファスナーを中表に合わせでき上がりまで縫う

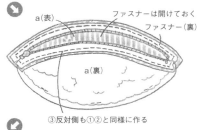

ファスナーは開けておく／ファスナー（裏）／a（表）／a（裏）
③反対側も①②と同様に作る

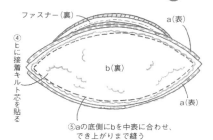

ファスナー（裏）／a（表）／b（裏）／a（表）
④bに接着キルト芯を貼る
⑤aの底側にbを中表に合わせ、でき上がりまで縫う

＜裏袋＞

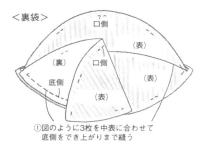

口側／（裏）／口側／底側／（表）／（表）
①図のように3枚を中表に合わせて底側をでき上がりまで縫う

2 まとめます

裏袋の口側の縫い代を折って表袋と外表に合わせ、裏袋をファスナーにまつる
裏袋（表）／表袋（表）

64 ＜Type2＞
p.32
実物大型紙 p.179

でき上がりサイズ　（小）約縦6×横6.5cm、まち幅約4.5cm
　　　　　　　　（大）約縦8.5×横9.5cm、まち幅約6cm

材料　表布a 20cm四方、表布b・裏布35×25cm、接着キルト芯40×20cm、10cmファスナー1本。

☆縫い代は0.7cmつける

1 表袋を作ります

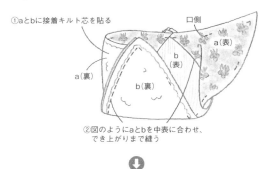

①aとbに接着キルト芯を貼る
口側／a（表）／b（表）／a（裏）／b（裏）
②図のようにaとbを中表に合わせ、でき上がりまで縫う

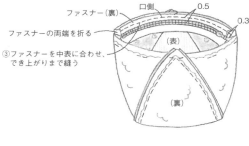

ファスナー（裏）／口側／0.5／0.3／（表）／（裏）
ファスナーの両端を折る
③ファスナーを中表に合わせ、でき上がりまで縫う

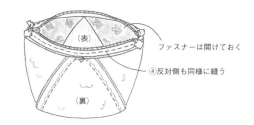

（表）／ファスナーは開けておく／（裏）
④反対側も同様に縫う

65

p.32
実物大型紙 p.179

＜Type3＞

でき上がりサイズ　約縦9×横6.5cm、まち幅約7cm

材料　表布a・表布c 30×25cm、表布b 25×20cm、裏布50×20cm、接着キルト芯45×20cm、16cmファスナー1本。

☆縫い代は0.7cmつける

1 | 表袋を作ります

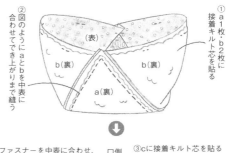

①a1枚・b2枚に接着キルト芯を貼る
②図のようにaとbを中表に合わせてでき上がりまで縫う

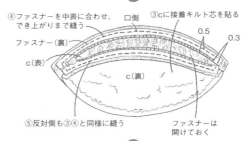

③cに接着キルト芯を貼る
④ファスナーを中表に合わせ、でき上がりまで縫う
⑤反対側も③と④と同様に縫う
ファスナーは開けておく

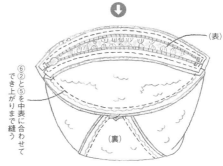

⑥②と⑤を中表に合わせてでき上がりまで縫う

2 | 裏袋を作ります

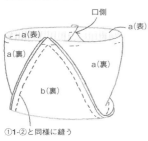

①1-②と同様に縫う

2 | 裏袋を作ります

1-②⑥と同様に作る

3 | まとめます

裏袋の口側の縫い代を折って表袋と外表に合わせ、裏袋をファスナーにまつる

3 | まとめます

裏袋の口側の縫い代を折って表袋と外表に合わせ、裏袋をファスナーにまつる

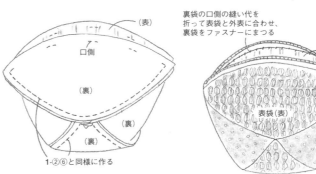

68
p.33
実物大型紙 A面

ポケット4つの
フラップポーチ

でき上がりサイズ　約縦17×横17cm

材料　表布・持ち手・タブ布65×55cm、裏布60×40cm、1cm幅Dカン1個、1cm幅ナスカン1個、1cm径ドットボタン1組、20cmファスナー1本。

1 各パーツを作ります

☆縫い代は指定以外1cmつける

〈タブ〉

〈持ち手〉

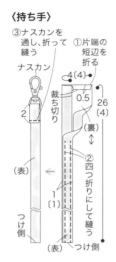

〈表布〉

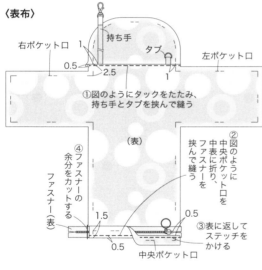

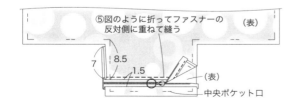

2 まとめます

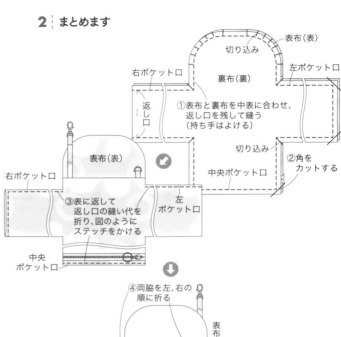

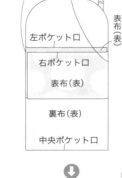

77
p.39

ショッパー型トートバッグ

でき上がりサイズ　約縦25×横22cm、まち幅約10cm

材料　表布a55×40cm、表布b・持ち手40×30cm、裏布40×70cm、接着芯85×40cm、1.2cm径ドットボタン1組、底板。

☆縫い代は指定以外
　1cmつける

1 持ち手を作ります

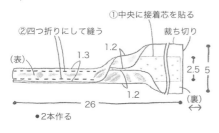

2 裏袋を作ります

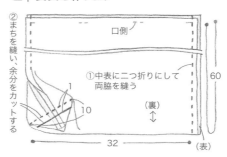

3 表袋を作ります

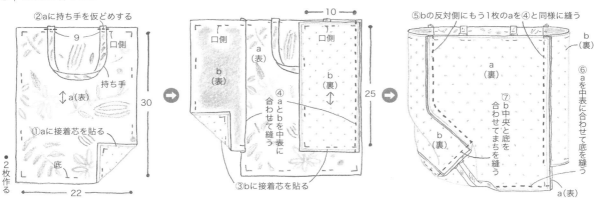

4 まとめます

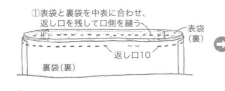
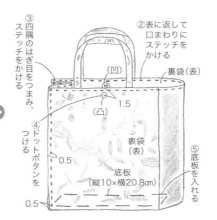

78
p.40
実物大型紙
B面

がま口のポシェット

でき上がりサイズ　約縦24.5×横33.5cm

材料　前面表布a・後ろ面表布b 65×30cm、前面表布b・アップリケ布 40×30cm、裏布・内ポケット・袋布65cm四方、接着キルト芯50×55cm、1.3cm幅レース70cm、16cmファスナー1個、幅25×高さ9cmカン付き口金（縫いつけタイプ）、ナスカン付き肩ひも、好みの飾り。

☆縫い代は1cmつける

1 各パーツを作ります

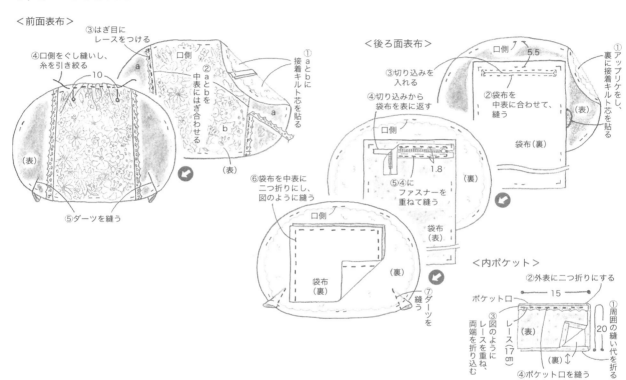

2 表袋と裏袋を作ります

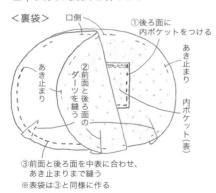

3 まとめます

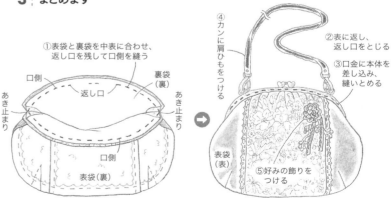

79
p.40
実物大型紙 C面

プランター形の丸底バッグ

でき上がりサイズ　約底直径23×高さ24cm

材料　側面表布a60×25cm、側面表布b 60×25cm、側面表布c・底表布・持ち手70×50cm、側面裏布・底裏布・内ポケット70×65cm、接着芯80×55cm。

1　各パーツを作ります
☆縫い代は指定以外1cmつける

〈持ち手〉

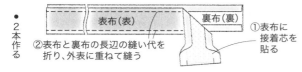

・2本作る

〈側面表布〉

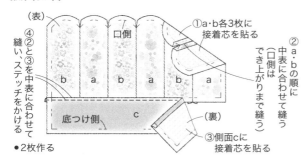

・2枚作る

〈内ポケット〉

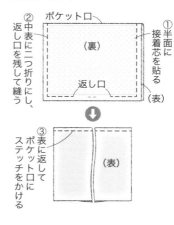

2　表袋と裏袋を作ります

〈表袋〉

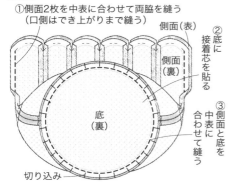

〈裏袋〉

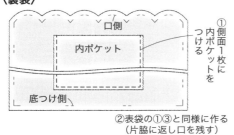

3　まとめます

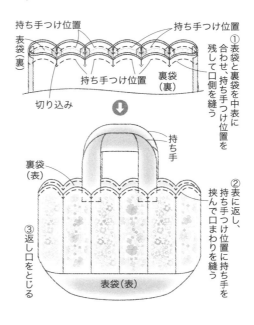

80 p.41
実物大型紙 C面

オーバル底のトートバッグ

でき上がりサイズ 約底短径16×長径29cm、高さ約33cm

材料 側面表布・内ポケット110cm幅×60cm、底表布・口布・持ち手表布60cm四方、側面裏布・底裏布90×60cm、持ち手裏布25×55cm、接着キルト芯40×25cm、4cm幅レース10cm、2.5cm幅チロルテープ5cm、0.8cm幅テープ25cm、タグ。

1 各パーツを作ります
☆縫い代は指定以外1cmつける

〈口布〉

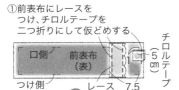

〈持ち手〉

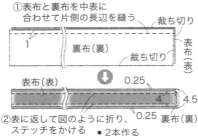

〈内ポケット〉

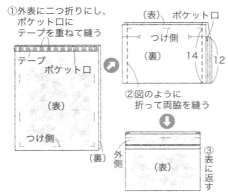

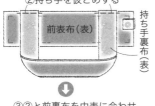

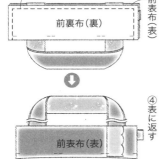

3 まとめます

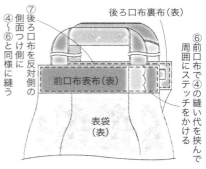

2 表袋と裏袋を作ります

〈表袋〉

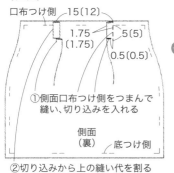

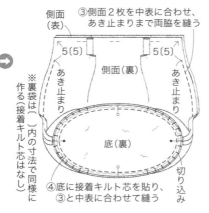

81
p.41
実物大型紙 B面

切り替え巾着バッグ

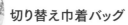

でき上がりサイズ　約底直径9.5×高さ22.5cm

材料　口布表布・口布裏布・底表布・持ち手表布75×40cm、持ち手裏布55×40cm、側面表布・側面裏布・底裏布・内ポケット55×45cm、接着芯55×35cm、0.5cm径ひも1.2m。

☆縫い代は指定以外1cmつける

1 各パーツを作ります

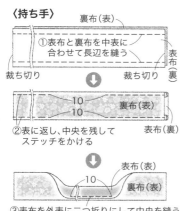

2 口布を作ります

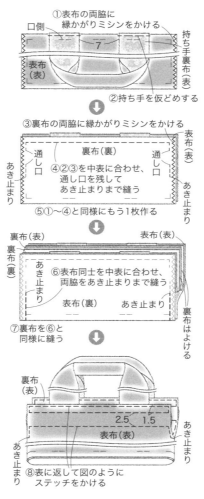

3 表袋と裏袋を作ります

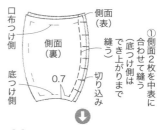

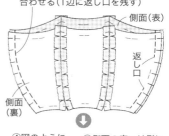

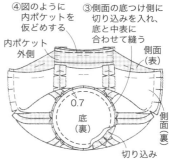

※表袋は側面と底に接着芯を貼り、①〜③と同様に縫う（返し口はなし）

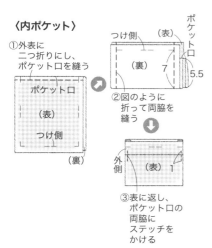

4 まとめます

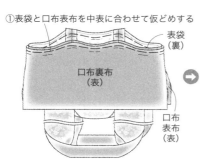

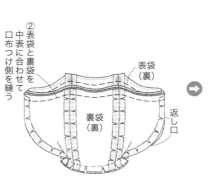

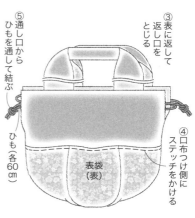

83
p.42
実物大型紙 A面

パッチワークの持ち手付きポーチ

82 はパッチワークをしてから
83 と同様に作る

でき上がりサイズ　約縦12×横25cm

材料　パッチワーク布、脇布・持ち手・4cm幅バイアス布60×45cm、裏布35cm四方、キルト芯35cm四方、接着芯35cm四方、25cmファスナー1本、3cm径ボタン1個。

1 各パーツを作ります
☆縫い代は指定以外1cmつける

〈パターン〉

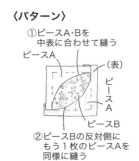

①ピースA・Bを中表に合わせて縫う
②ピースBの反対側にもう1枚のピースAを同様に縫う
● 8個作る

〈前面表布〉

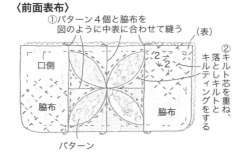

①パターン4個と脇布を図のように中表に合わせて縫う
②キルト芯を重ねて落としキルトとキルティングをする

〈後ろ面表布〉

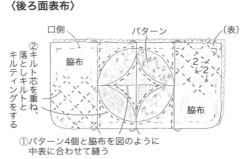

②キルト芯を重ねて落としキルトとキルティングをする
①パターン4個と脇布を図のように中表に合わせて縫う

〈持ち手〉

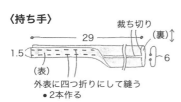

外表に四つ折りにして縫う
● 2本作る

2 表袋と裏袋を作ります

〈裏袋〉

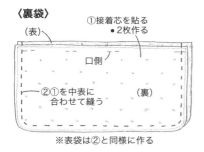

①接着芯を貼る
● 2枚作る
②①を中表に合わせて縫う
※表袋は②と同様に作る

3 まとめます

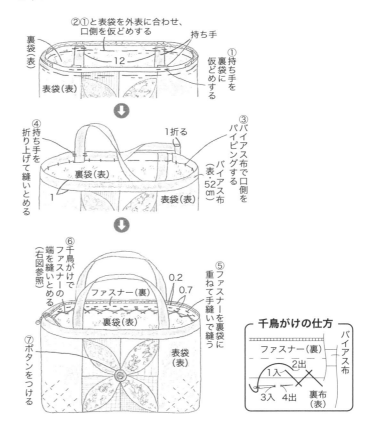

②①と表袋を外表に合わせ、口側を仮どめする
①持ち手を裏袋に仮どめする
③バイアス布で口側をパイピングする（バイアス布　表・52cm）
④持ち手を折り上げて縫いとめる
⑤ファスナーを裏袋に重ねて手縫いで縫う
⑥千鳥がけでファスナーの端を縫いとめる（右図参照）
⑦ボタンをつける

千鳥がけの仕方

84
p.42
実物大型紙 B面

ファスナーペンケース

でき上がりサイズ　約縦20×横11cm、まち幅約2cm

材料　外面a・内ポケットB 35×15cm、外面b・ホルダー30×20cm、外面c 20cm四方、外面d・内ポケットA 35×20cm、内ポケットC 15×20cm、まち表布10×20cm、内面・まち裏布35×25cm、接着キルト芯30×25cm、46cm両開きファスナー1本、1.5cm幅テープ1.2m、タグ。

☆縫い代は指定以外0.5cmつける

1 各パーツを作ります

＜ホルダー＞

①中表に二つ折りにして縫う　②表に返してステッチをかける

＜内ポケットA＞　＜内ポケットB・C＞

外表に二つ折りにし、ポケット口を縫う

ポケット口を三つ折りにして縫う
※ポケットCも同様に作る

2 外面と内面を作ります

＜外面＞

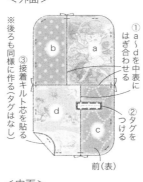

①a〜dを中表にはぎ合わせる
②タグをつける
③接着キルト芯を貼る（タグはなし）
※後ろも同様に作る

＜内面＞

①内面左にホルダーと内ポケットAを重ねて仮どめする
②内ポケットCに内ポケットBを重ね、中央に仕切りのステッチをかける
③②を内面右に重ねて仮どめする

3 まとめます

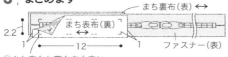

①まち表布と裏布を中表に合わせ、ファスナーを挟んで片脇を縫う

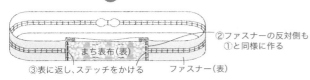

②ファスナーの反対側も①と同様に作る
③表に返し、ステッチをかける

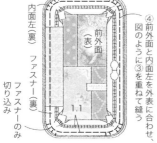 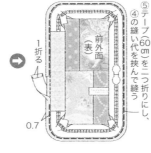

④前外面と内面左を外表に合わせ、図のように③を重ねて縫う
⑤テープ(60cm)を二つ折りにし、④の縫い代を挟んで縫う
⑥ファスナーの反対側に後ろ外面と内面右を④〜⑤と同様につける

85

p.43

実物大型紙 C面

ポケット付きスマホポシェット

86は85と同様に作る

でき上がりサイズ　85（小）約縦18.5×横11.5cm　86（大）約縦19.5×横13.5cm

材料（小）　本体後ろ面・外ポケット用帆布35×30cm、本体前面用帆布20×30cm、縁布20×5cm、1cm幅テープ15cm、1cm幅Dカン2個、ナスカン付き持ち手、タグ。

☆全て裁ち切り

1. 各パーツを作ります

〈タブ〉

テープを二つ折りにし、Dカンを通す

・2個作る

〈外ポケット〉

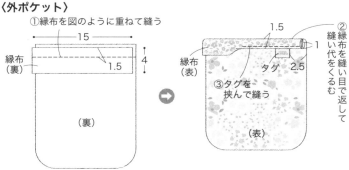

① 縁布を図のように重ねて縫う
② 縁布を縫い目で返して縫い代をくるむ
③ タグを挟んで縫う

2. 本体を作り、まとめます

① 前面を作る

㋐ 口側を表に三つ折りにし、タブを挟んで縫う

㋑ タブを折り上げて縫う

② ①と同様に後ろ面を作る
③ ①と②を外表に合わせ、外ポケットを前面に重ねて縫う
④ カーブの縫い代に切り込みを入れ、縫い代をカットする

⑤ 中表に合わせて縫う

⑥ 表に返してタブに持ち手をつける

87 ハーフムーンバッグ

p.43
実物大型紙 C面

でき上がりサイズ　約縦15×横30cm、まち幅約10cm

材料　表布・つなぎ布70×40cm、裏布70×35cm、薄手接着芯70×35cm、3cm幅テープ110cm、3cm幅ナスカン1個、3cm幅Dカン1個、3cm幅送りカン1個、30cmフラットニットファスナー1本、タグ。

1　各パーツを作ります
☆縫い代は指定以外1cmつける

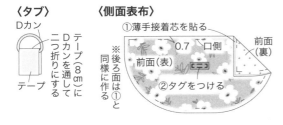

2　本体を作ります

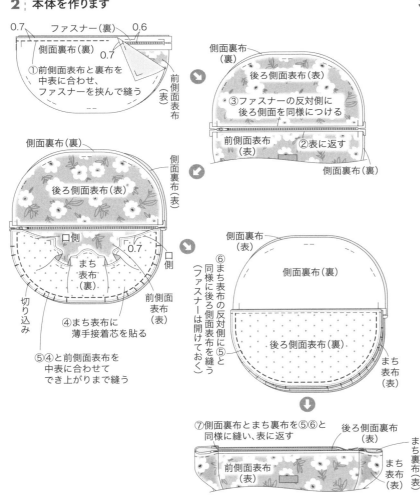

3　まとめます

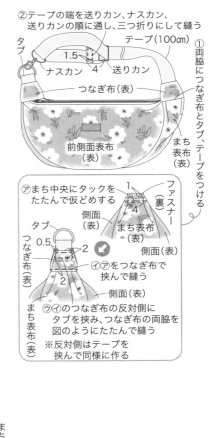

89
p.44
実物大型紙 B面

スカラップポケットのショルダーバッグ

でき上がりサイズ 約縦21×横24cm、まち幅約10cm

材料 前側面表布・後ろ側面表布c40×30cm、後ろ側面表布a・外ポケット裏布40×30cm、後ろ側面表布b・後ろ側面表布d・外ポケット表布・肩ひもf・タブ布55×40cm、後ろ側面表布e10×30cm、まち表布・持ち手・肩ひもg35×70cm、裏布・内ポケット75×70cm、薄手接着芯85×70cm、接着芯40×55cm、接着キルト芯50×70cm、2.5cm幅チロルテープ10cm、2cm幅ナスカン2個、2cm幅送りカン1個、1.3cm幅Dカン2個、1.8cm径マグネットホック1組、1cm径ドットボタン2組。

1 各パーツを作ります
☆縫い代は指定以外1cmつける

<タブ>

<肩ひも>
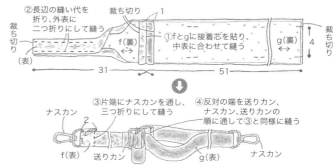

<持ち手>
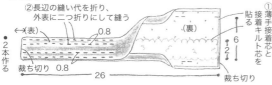

<内ポケット>　<外ポケット>
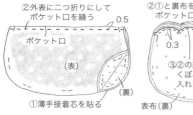
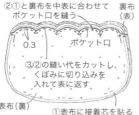

<まち表布>

2 表袋と裏袋を作ります

<裏袋>
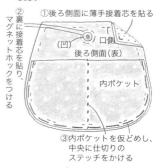

<前側面表布>
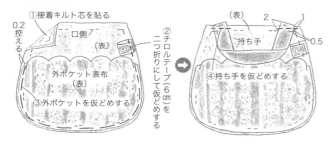

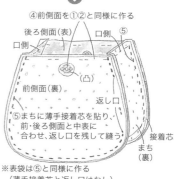

<後ろ側面表布>
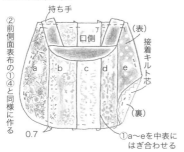

※表袋は⑤と同様に作る
（薄手接着芯と返し口はなし）

92
p.46
実物大型紙 p.182

あおりポケットのミニトート

でき上がりサイズ　約縦16×横20cm、まち幅約8cm

材料　本体表布35×45cm、外ポケット表布20×50cm、持ち手表布15×40cm、裏布用11号帆布65×50cm、1cm径ドットボタン1組。

☆縫い代は指定以外1cmつける

1 各パーツを作ります
〈持ち手〉〈外ポケット〉

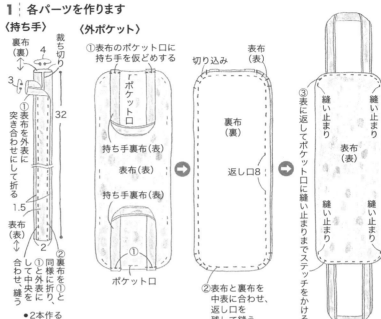

2 表袋と裏袋を作ります

※裏袋は表布と同寸に裁ち、③〜⑤と同様に作る

3 まとめます

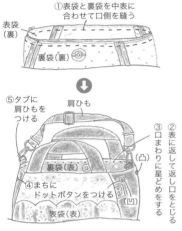

星どめの仕方

90 テントポーチ
p.45

でき上がりサイズ　約縦12×横17cm、まち幅約8cm

材料　表布・端布65×25cm、裏布60×25cm、接着芯60×25cm、20cmファスナー1本。

☆縫い代は指定以外1cmつける

1 端布を作ります

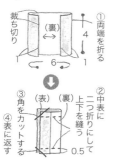

2 まとめます

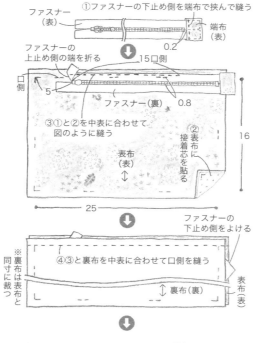

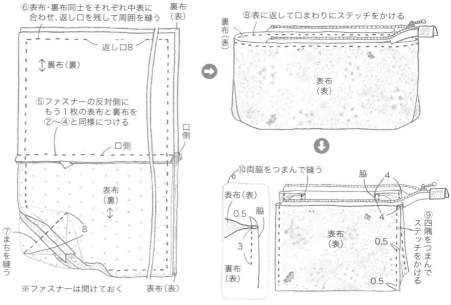

91

p.45

実物大型紙 A面

じゃばらカードケース

でき上がりサイズ　約縦7×横11cm

材料　本体30cm四方、ポケット30×50cm、厚手接着芯30cm四方、2.5cm幅マジックテープ5cm。

☆縫い代は指定以外1cmつける

1. ポケットを作ります

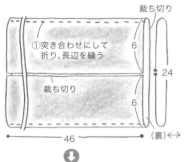

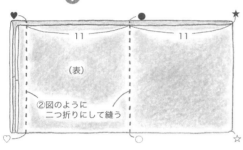

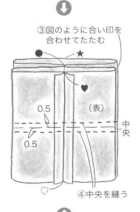

2. 本体を作り、まとめます

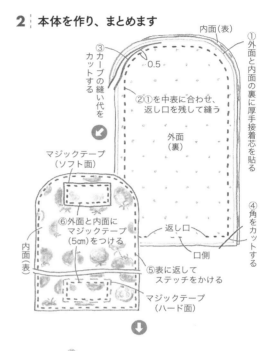

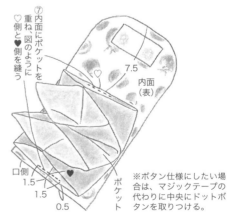

※ボタン仕様にしたい場合は、マジックテープの代わりに中央にドットボタンを取りつける。

88
p.44
実物大型紙 D面

かわいくたためるエコバッグ

でき上がりサイズ　約縦36.5×横36cm、まち幅約16cm

材料　本体・持ち手・フラップ110cm幅×50cm、1.3cm径プラスチック製ドットボタン2組。

1 各パーツを作ります　☆全て裁ち切り

〈持ち手〉

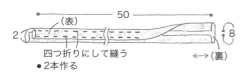

〈フラップ〉

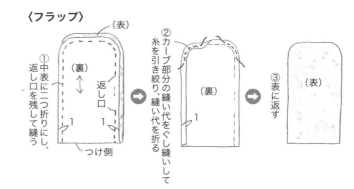

2 本体を作ります

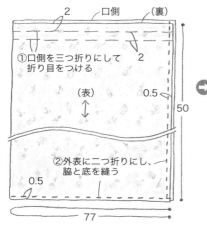
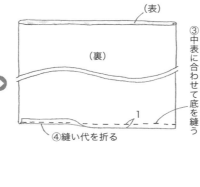
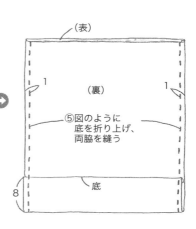

3 まとめます

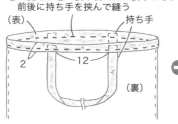
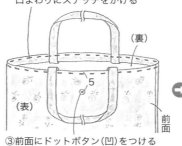
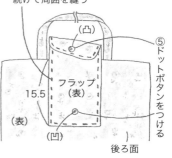

93

p.46
実物大型紙 p.180

まんまるポーチ

でき上がりサイズ　約縦10×横10cm、まち幅約5cm

材料　前側面a・後ろ側面c・上まち表布用11号帆布35×15cm、前側面b・後ろ側面d・下まち表布・内ポケット・タブ布用11号帆布35×25cm、まち裏布・3.6cm幅バイアス布40×35cm、1.5cm幅Dカン2個、14cmファスナー1本。

1 各パーツを作ります
☆縫い代は指定以外0.7cmつける

〈内ポケット〉

〈タブ〉

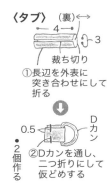

2 まちを作ります

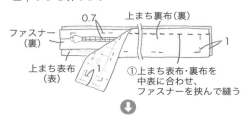

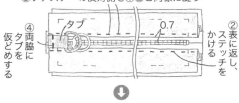

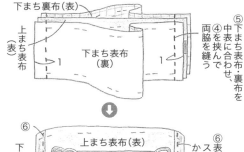

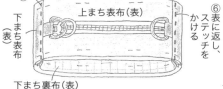

3 本体を作り、まとめます

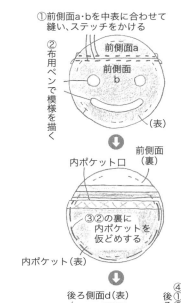

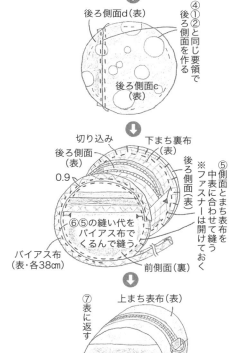

94
p.47 外まちのおすわり巾着バッグ

でき上がりサイズ　約縦19×横16cm、まち幅約10cm

材料　表布用10号帆布40×55cm、口布50×35cm、持ち手A30×55cm、持ち手B・裏布65×55cm、1cm幅ひも1.4m。

1　各パーツを作ります

☆縫い代は指定以外1cmつける

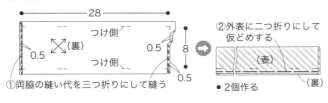

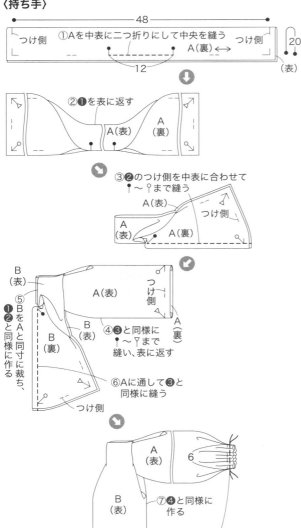

2　表袋と裏袋を作ります

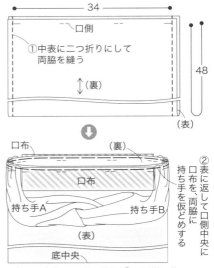

※裏袋は表布と同寸に裁ち、①と同様に作る

3　まとめます

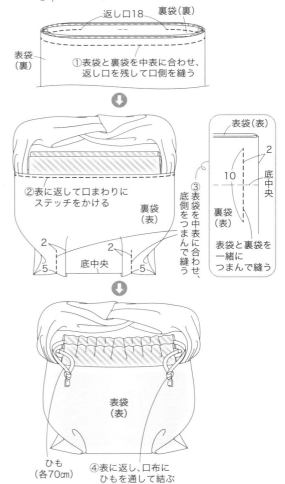

107

p.54

実物大型紙 **D**面

スニーカー形のポーチ

でき上がりサイズ　約縦12.5×横20.5cm

材料　表布a40×20cm、表布b・飾り布30×10cm、表布c30×15cm、裏布50×20cm、接着キルト芯50×20cm、2.5cm幅レース10cm、0.5cm幅リボン30cm、12cmファスナー1本。

1 各パーツを作ります　☆縫い代は指定以外1cmつける

〈飾り〉

〈表布〉

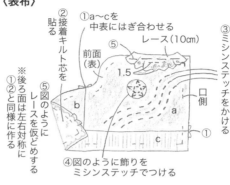

2 まとめます

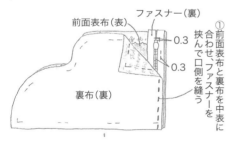

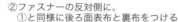

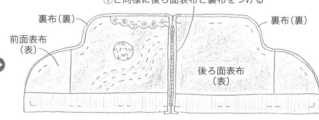

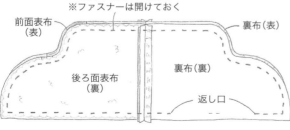

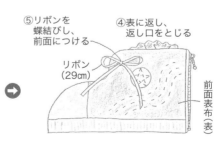

106
p.54
実物大型紙 p.181

キノコのキーケース

でき上がりサイズ　約縦11×横9cm

材料　かさ表布25×15cm、かさ裏布25×15cm、軸15×10cm、アップリケ用フェルト10×5cm、接着キルト芯25×20cm、1.5cm幅チロルテープ5cm、0.8cm幅山道テープ10cm、7cmファスナー1本、わた、ボールチェーン。

1 各パーツを作ります
☆縫い代は指定以外0.5cmつける

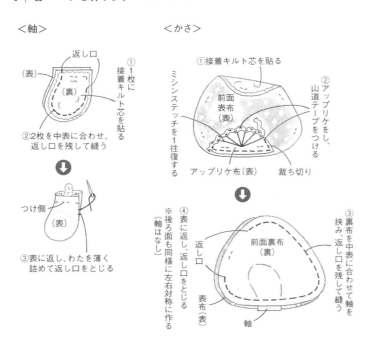

2 まとめます

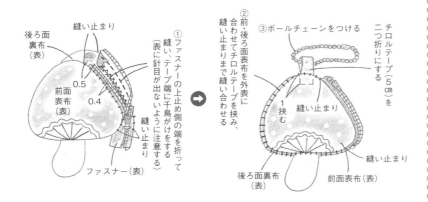

108
p.55
実物大型紙 C面

どんぐりの鍋つかみ

でき上がりサイズ　約縦21.5×横14cm

材料　ポケットA・タブ布45×15cm、ポケットB・外面・内面用コーデュロイ75×30cm、キルト芯20×30cm。

☆縫い代は指定以外1cmつける

1 各パーツを作ります

〈タブ〉

〈ポケットA・B〉

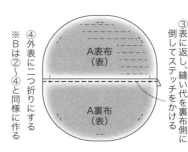

2 まとめます

① ポケット表布と外面を中表に合わせ、タブを挟んで縫う

② ①のポケット裏布と内面を中表に合わせてキルト芯を重ね、返し口を残して周囲を縫う

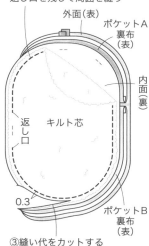

③ 縫い代をカットする

④ 表に返して返し口をとじ、ポケット口から外側に返す

---

110 ドーナツ形のピンクッション
p.55
実物大型紙 C面

109は110と同様に作る

でき上がりサイズ　約直径8×高さ4.5cm

材料（ピンク）本体・底用ワッフル地30×20cm、飾り布用フェルト20cm、0.7cm幅テープ5cm、0.1cm径コード5cm、毛糸、25番刺しゅう糸、わた、厚紙、好みの飾り。

☆全て裁ち切り

1 各パーツを作ります

<底>

周囲をぐし縫いし、厚紙を入れて糸を引き絞る

厚紙 0.5

<飾り布>

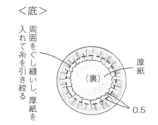

② でき上がり線より内側にフレンチナッツステッチ（刺しゅう糸2本どり）をする

① 中央をくりぬく

でき上がり線　0.5

③ 2本どりの糸で周囲をぐし縫いし、わたを薄く詰めて、でき上がり線のサイズまで糸を引き絞る

<本体>

① 2本どりの糸で周囲をぐし縫いし、わたをふっくらと詰めて糸を引き絞る

0.5

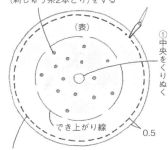

② ドーナツ形に整える

上面　8　4.5　底つけ側

2 まとめます

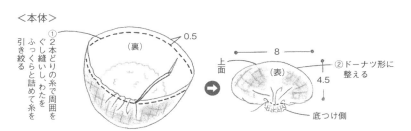

① 本体の上面に飾り布をかぶせ、テープ（5cm）を挟んで縫い合わせる

② 中央の穴に沿って、コードをボンドで貼る

1挟む　テープは二つ折りにする

飾り布　本体　好みの飾り

③ 毛糸をボンドで貼る

底

④ 底を縫い合わせる

⑤ 好みの飾りをテープにつける

※109は＜飾り布＞を作る際に、①の後で、羊毛フェルトを指で棒状に細く撚りながら、ニードルを使ってフェルトに格子状に刺していく。③に戻って同様に作る。

111

p.56
実物大型紙
p.182

BOOK形ニードルケース

でき上がりサイズ　（閉じた状態）約縦8×横6cm

材料（赤）　外面a・タグ布20×10cm、外面b20×10cm、内面15cm四方、ニードルホルダー用フェルト20cm四方、0.3cm幅リボン25cm、厚紙。

1 外面と内面を作ります　☆折り代は指定以外裁ち切り

〈外面〉

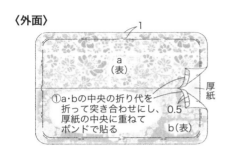

〈内面〉

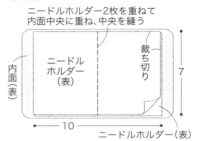

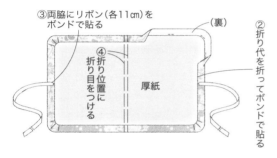

2 まとめます

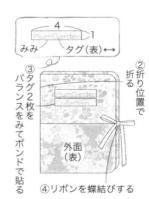

112
p.56

プリント収納ケース

でき上がりサイズ（三つ折りの状態）約縦22.5×横15.5cm

材料 外面用ラミネート地40×30cm、内面95×30cm、革タグ、タグ。

1 外面と内面を作ります ☆縫い代は1cmつける

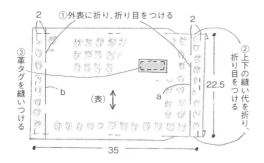

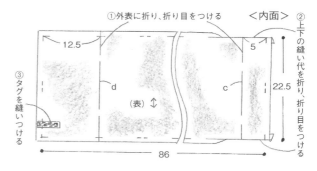

2 まとめます

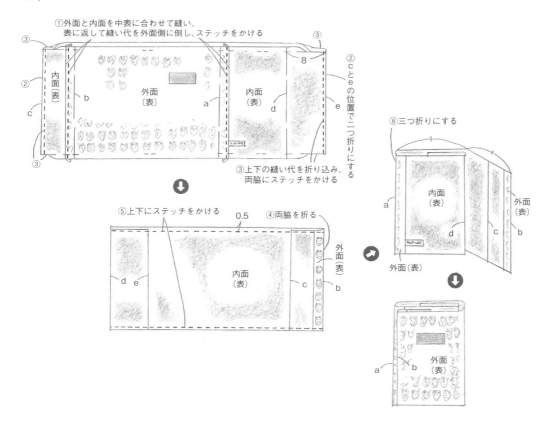

117
p.57

たためる小物入れ
113～116は117と同様に作る

でき上がりサイズ　113(SS)約底4.5cm四方×高さ3cm
　　　　　　　　114(S)約底7cm四方×高さ4cm
　　　　　　　　115(M)約底9cm四方×高さ5cm
　　　　　　　　116(L)約底11cm四方×高さ6cm
　　　　　　　　117(LL)約底13cm四方×高さ7cm

◆=15cm(SS)　　◎=3cm(SS)　　●=2cm(SS)
　20cm(S)　　　4cm(S)　　　　2.5cm(S)
　25cm(M)　　　5cm(M)　　　　3cm(M)
　30cm(L)　　　6cm(L)　　　　4cm(L)
　35cm(LL)　　 7cm(LL)　　　 5cm(LL)

材料　(LL)表布40cm四方、裏布40cm四方。

☆全て裁ち切り

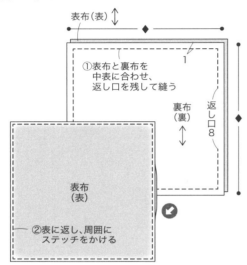

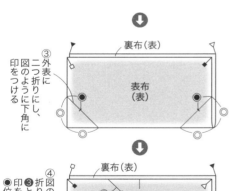

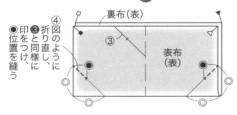
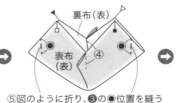

119
p.57

まるっと収納巾着

118は119と同様に作る

でき上がりサイズ 118（小）約42.5cm四方、119（大）約80.5cm四方

材料（大）内面110cm幅×1.1m、外面・持ち手110cm幅×1.2m、0.3cm径ひも6m、2cm径ループエンド2個。

☆縫い代は指定以外1cmつける
※（ ）内の数字は、小の寸法
※小は持ち手なし

1 持ち手を作ります

2 本体を作り、まとめます

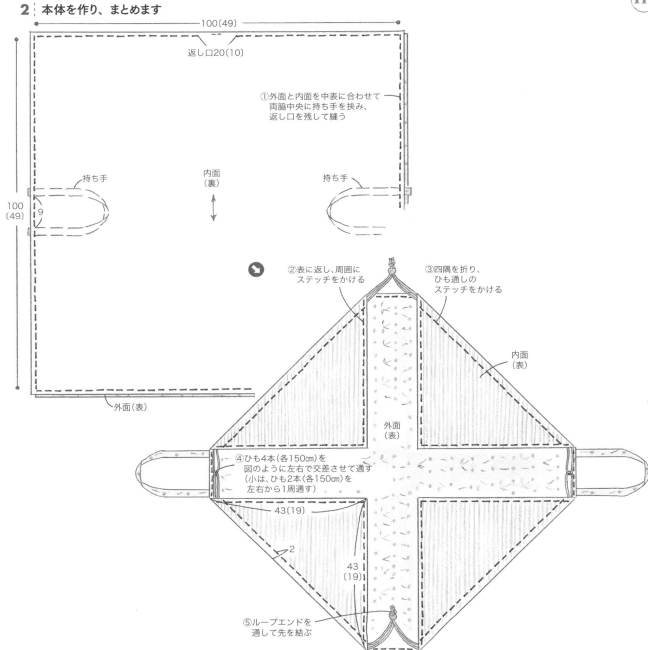

120
p.58

実物大型紙
p.176

耳長うさぎのストラップ

寸法図

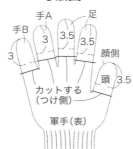

でき上がりサイズ　全長約24cm

材料　胴前面a〜c各10cm四方、胴後ろ面10cm四方、右外耳d・e各5×10cm、左外耳5×15cm、右内耳5×15cm、左内耳5×15cm、当て布10×15cm、1cm径プラスチック製ドットボタン1組、25番刺しゅう糸、Sサイズ軍手、わた。

1 手と足を作ります
☆縫い代は指定以外1cmつける
S=ステッチ

〈手A〉

2 頭と胴を作ります

ステッチの刺し方

〈サテン・S〉
〈ストレート・S〉
〈フレンチナッツ・S〉

〈頭〉

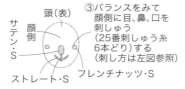

〈胴〉

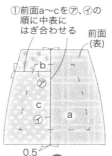

3 耳を作ります

〈右耳〉

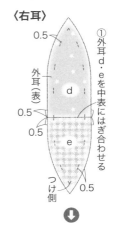

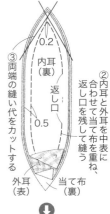

※左耳も②〜⑤と同様に作る

121

p.58

実物大型紙 D面

2way傘入れ

でき上がりサイズ （伸ばした状態）約縦66×横12cm

材料 本体・当て布・持ち手用ナイロン地40×75cm、33cm四方マイクロファイバータオル1枚、1.3cm径ドットボタン（プラスチック製）2組。

☆縫い代は指定以外1cmつける

1 持ち手を作ります

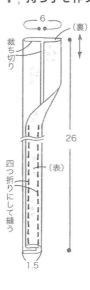

2 本体を作り、まとめます

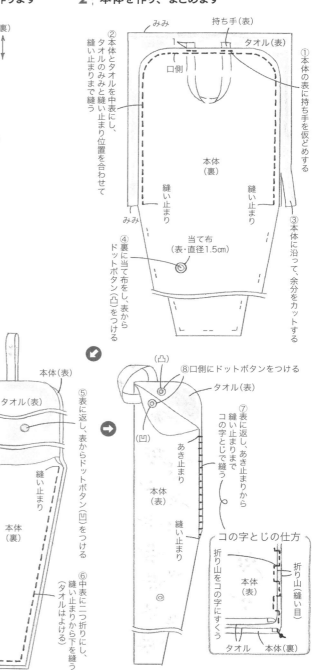

4 まとめます

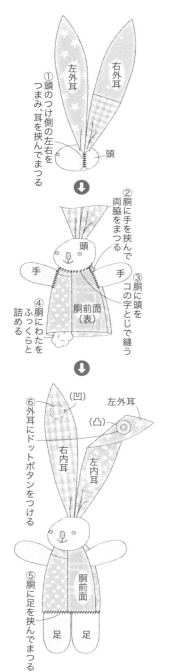

122 黒ネコのクリップ

p.59
実物大型紙 p.181

でき上がりサイズ （しっぽ分除く）全長約8.5cm

材料 頭・ボディ・しっぽ用ニット地35×15cm、目用スエード5cm四方、25番刺しゅう糸、わた、縦7.7×横8cm洗濯ピンチ、4/0号かぎ針。

☆縫い代は指定以外0.5cmつける

1 頭を作ります

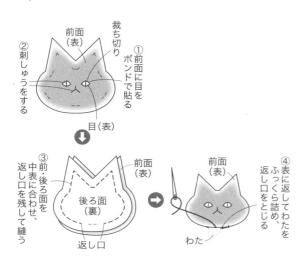

2 しっぽを作ります

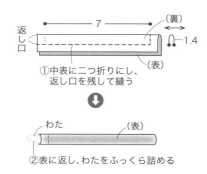

3 ボディを作り、まとめます

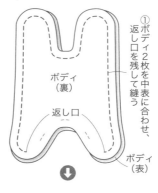

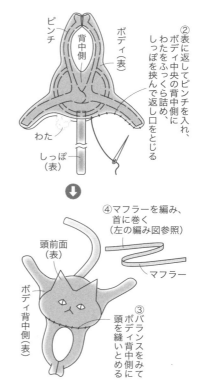

マフラーの編み図

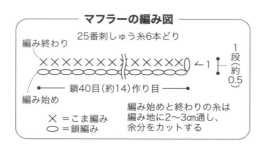

25番刺しゅう糸6本どり
鎖40目(約14)作り目
1段(約0.5)
編み始めと終わりの糸は編み地に2〜3cm通し、余分をカットする
× = こま編み
○ = 鎖編み

123
p.59

衿仕立てのボトルケース

でき上がりサイズ 約縦24×横6cm、まち幅約5.5cm

材料 表布a・持ち手35cm四方、本体表布b30×15cm、本体裏布用保温保冷シート30cm四方、口布表布用レース地30×15cm、口布裏布30×15cm、接着芯35×10cm、1cm幅レース30cm、3cm幅リボン70cm、タグ。

☆縫い代は指定以外1cmつける

1 持ち手を作ります

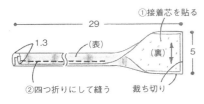

2 表布と裏布を作ります

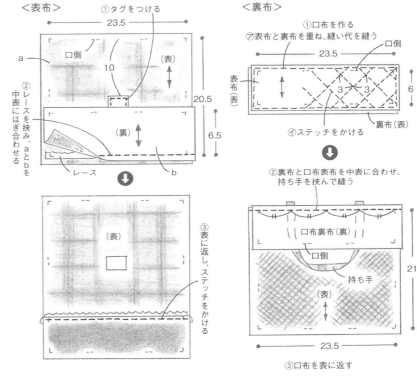

3 まとめます

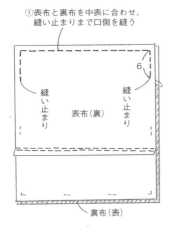

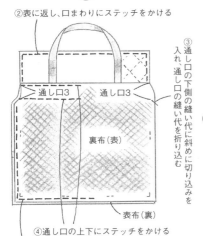

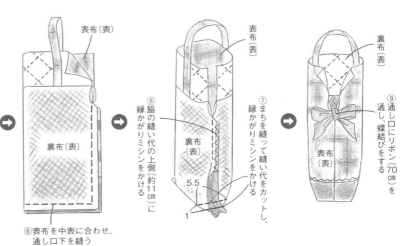

124
p.59

実物大型紙
C面

My カトラリーケース

でき上がりサイズ　1辺約25cm

材料　外面35cm四方、内面b・ベルト布55×30cm、内面a15×45cm、0.4cm径ひも40cm、2cm径ボタン1個、0.8cm径ビーズ1個、タグ、シリコーンシート。

☆縫い代は1cmつける

1　外面と内面を作ります

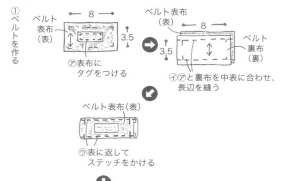
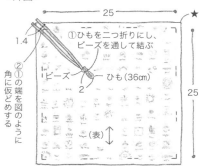
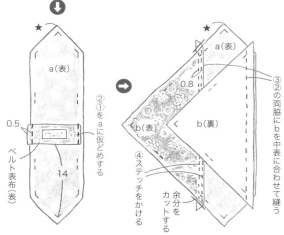

2　まとめます

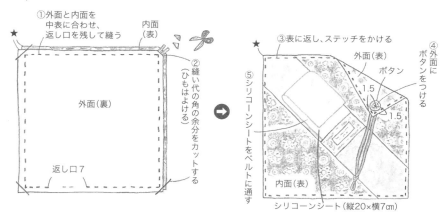

125
p.60

3way 折りたたみバッグ

でき上がりサイズ　約縦38×横29cm、まち幅約14cm

材料　本体表布a・持ち手110cm幅×35cm、本体表布b・肩ひも60cm×1.1m、
裏布用8号帆布110cm幅×55cm、1cm径ドットボタン2組。

☆縫い代は指定以外1cmつける

1｜持ち手と肩ひもを作ります

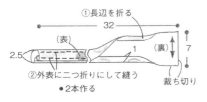

2｜表布を作ります

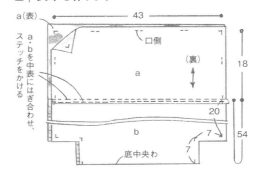

3｜本体を作り、まとめます

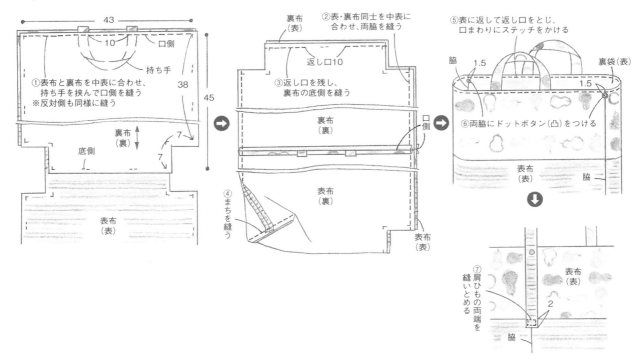

127
p.61  ボトルぴったりバッグ

でき上がりサイズ（平らな状態）約縦26.5×横32.5cm

材料 本体a75×40cm、本体b75×40cm、接着芯80×75cm、2.5cm幅テープ90cm。

☆縫い代は指定以外1cmつける

1 持ち手を作ります

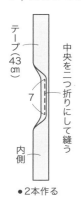

●2本作る

2 本体を作り、まとめます

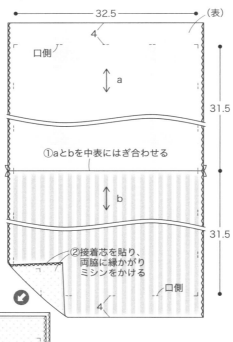

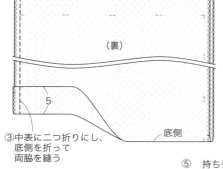

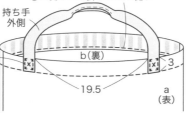

※同様にもう1個作る

128
p.61

ケータリング手提げバッグ

でき上がりサイズ 約縦37.5×横26cm、まち幅約26cm

材料 側面表布a・通し布70×60cm、側面表布b・底表布90×35cm、持ち手20×60cm、裏布90×85cm、2.5cm幅ギャザーレース1.1m、1.3cm径プラスチック製ドットボタン1組。

☆縫い代は指定以外1cmつける

1 各パーツを作ります

〈通し布〉

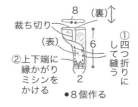

●8個作る

〈持ち手〉

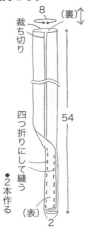

●2本作る

2 表袋と裏袋を作ります

〈表袋〉

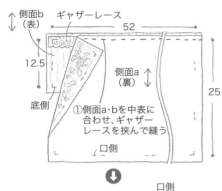

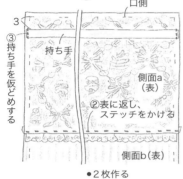

●2枚作る

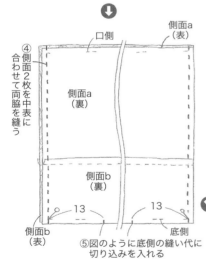

3 まとめます

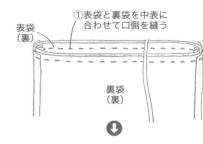

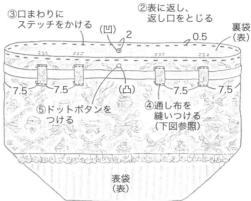

通し布のつけ方

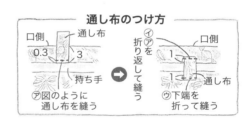

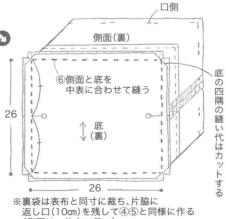

※裏袋は表布と同寸に裁ち、片脇に
返し口(10cm)を残して④⑤と同様に作る
(側面は一枚布で裁つ)

126
p.60

ペーパーバッグ風ポーチ

でき上がりサイズ　約縦12×横18.5cm、まち幅約7cm

材料　本体表布a50cm四方、本体表布b65×15cm、本体裏布50cm四方、2cm幅テープ1m、1.8cm幅レース1m、0.2cm径コード20cm、2.3cm径くるみボタン1個。

1 持ち手を作ります
☆縫い代は1cmつける

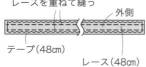

● 2本作る

寸法図

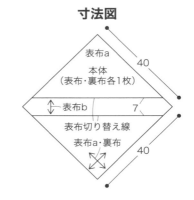

2 本体を作り、まとめます

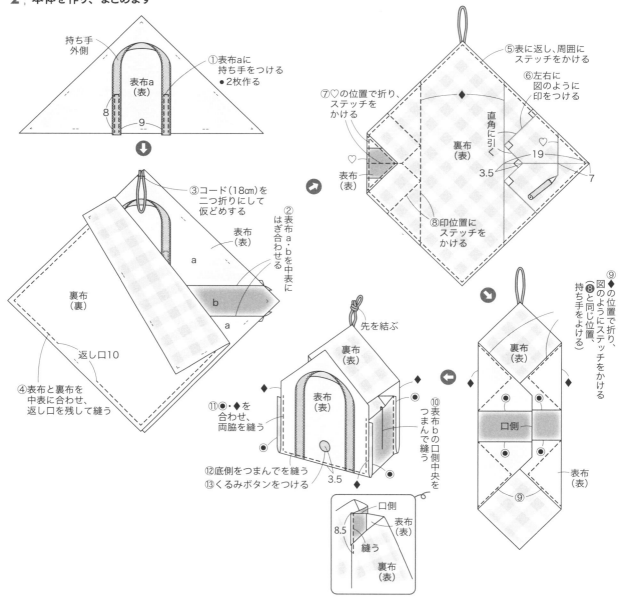

129

p.62

実物大型紙 D面

ナイロン素材の エコバッグ

でき上がりサイズ　（バッグ）約縦57×横37cm、まち幅約13cm
（収納袋）約縦12×横16cm

材料　本体表布・収納袋表布用ナイロン地110cm幅×90cm、本体裏布・収納袋裏布用ナイロン地110cm幅×90cm、0.8cm幅縁どりバイアステープ95cm、好みのレース、タグ。

☆縫い代は指定以外0.8cmつける

1　表袋と裏袋を作ります

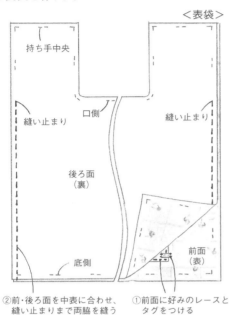

2　まとめます

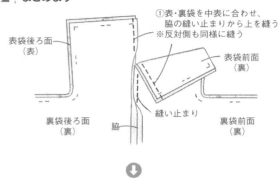

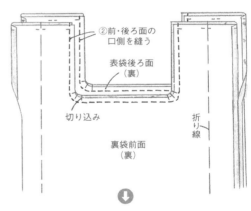

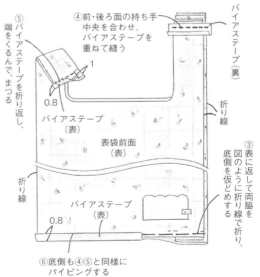

3　収納袋を作ります

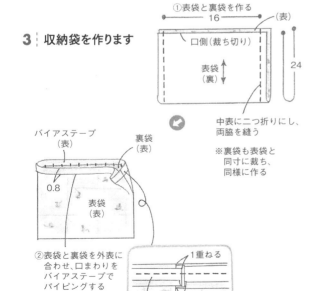

145

130
p.62

長い野菜用エコバッグ

でき上がりサイズ　約縦44.5×横27cm

材料　本体・持ち手・内ポケット・口布用ナイロン地90cm×1m。

☆縫い代は指定以外0.5cmつける

1 各パーツを作ります

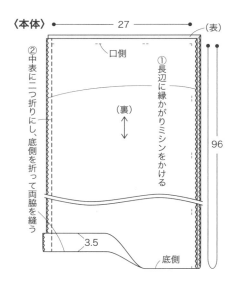

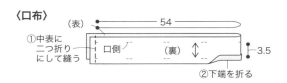

2 まとめます

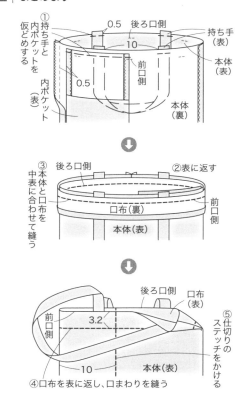

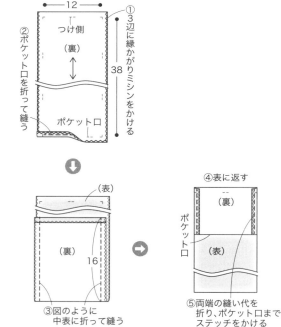

146

133
p.63
実物大型紙 D面

かご編み柄
マルシェバッグ

Chapter 5
130
133

でき上がりサイズ 底約短径18×長径28cm、高さ約25cm

材料 側面表布・見返し110cm幅×50cm、底表布用キルティング地35×25cm、裏布用保温保冷シート120cm幅×60cm、口布60×45cm、外ポケット用ビニール20cm四方、内ポケット用メッシュ地25×40cm、接着芯60×70cm、3cm幅テープ2.1m、2cm幅テープ65cm、1.5cm幅革テープ5cm、1.3cm幅合皮テープ15cm、0.2cm径コード2.6m、1.7cm幅Dカン1個、1cm径ドットボタン凸2個・凹1個、0.9cm径カシメ4組、タグ2枚。

☆縫い代は指定以外1cmつける

1. 各パーツを作ります

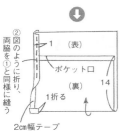
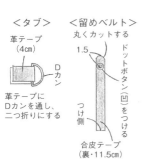
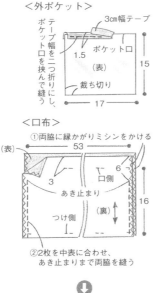
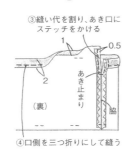

2. 表袋と裏袋を作ります

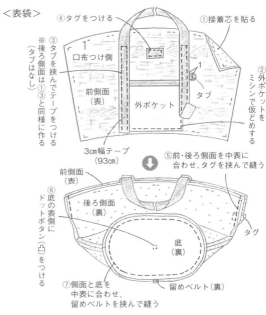
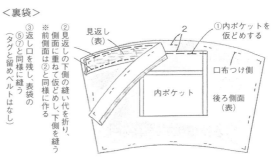

3. まとめます

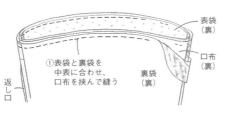
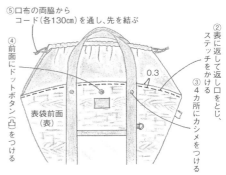

131 132
p.63
実物大型紙 D面

花かごの バッグ＆チャーム

でき上がりサイズ （バッグ）約縦20.5×横13cm、まち幅約5cm
（チャーム）約縦5.5×横3.5cm、まち幅約1.5cm

材料 本体表布b・持ち手55×45cm、本体表布a45×35cm、裏布45×55cm、接着キルト芯45×55cm、36cmファスナー1本。

☆縫い代は指定以外1cmつける

1 持ち手を作ります

2 表袋と裏袋を作ります

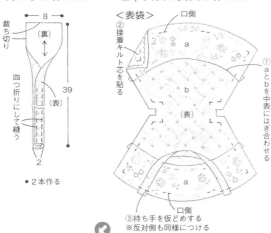

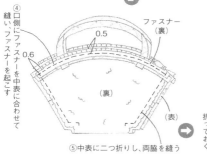

3 まとめます

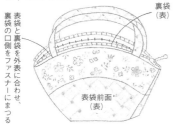

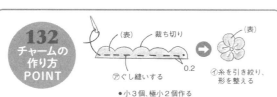

132 チャームの作り方POINT

1. プロセス2まではバッグと同様に作る。
2. 上図を参照して花飾りを作り、表袋前面に花飾り・モチーフレース（市販）・バラ飾り（市販）をパールビーズで縫いとめる（バラ飾りはパールビーズなし）。
3. プロセス3に戻って仕上げる。

135
p.64
実物大型紙 p.174

ボストンBAG風 ペンケース

でき上がりサイズ 約縦10×横19cm、まち幅約5cm

材料 表布用合皮55×30cm、裏布55×30cm、2cm幅テープ95cm、0.7cm幅テープ90cm、24cmファスナー1本、タグ、好みの飾り。

☆縫い代は指定以外1cmつける

1 表袋と裏袋を作ります

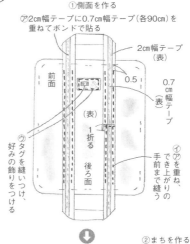

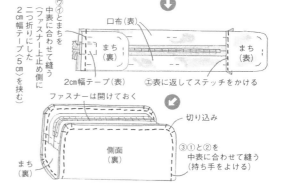

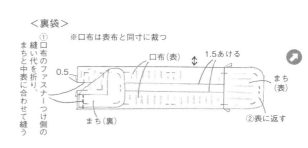

134

p.64
実物大型紙 p.183

ラウンドフリルの
バネ口ポーチ

でき上がりサイズ　約縦19×横16cm

材料　本体・口布・フリル布用合皮75×30cm、外ポケット用合皮20×25cm、12cm幅丸ピン付きバネ口金、ナスカン付きチェーン、好みの飾り。

1 各パーツを作ります

☆縫い代は指定以外0.5cmつける

〈フリル〉

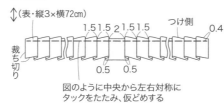

〈外ポケット〉

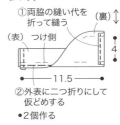

図のように中央から左右対称に
タックをたたみ、仮どめする

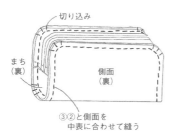

2 本体を作り、まとめます

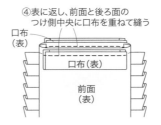

①前面にフリルを中表に合わせて仮どめする
②後ろ面に外ポケットを重ねて仮どめする
③❶と❷を中表に合わせ、つけ側を残して縫う

〈口布〉

①両脇の縫い代を折って縫う
②外表に二つ折りにして仮どめする
・2個作る

④表に返し、前面と後ろ面のつけ側中央に口布を重ねて縫う

⑤❹の縫い代を前・後ろ面側に倒してステッチをかける

2 まとめます

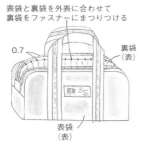

表袋と裏袋を外表に合わせて
裏袋をファスナーにまつりつける

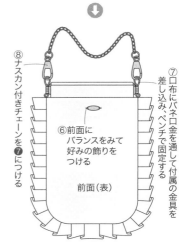

⑥前面にバランスをみて好みの飾りをつける
⑦口布にバネ口金を通して付属の金具を差し込み、ペンチで固定する
⑧ナスカン付きチェーンを❼につける

136
p.65

ポケットいっぱい
マルチケース

でき上がりサイズ （閉じた状態）約縦19.5×横11.5cm

材料　本体・ポケットA用スエード45×25cm、ポケットB用スエード25cm四方、1.5cm幅ゴムテープ30cm。

☆全て裁ち切り

1 ベルトを作ります

ゴムテープを二つ折りにして仮どめする　0.5　ゴムテープ（26cm）

2 ポケットを作ります

〈左ポケット〉

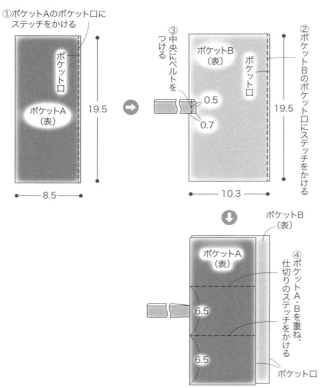

※右ポケットは左右対称に同様に作る（ベルトはなし）

3 まとめます

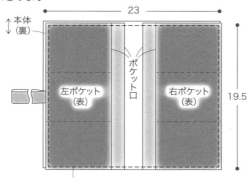

本体と右・左ポケットを外表に合わせて周囲にステッチをかける

137
p.65
実物大型紙
C面

ヒップにかける
スマホケース

でき上がりサイズ　約縦17×横11cm

材料　本体30×25cm、前ポケット20×35cm、後ろポケット用ビニール20cm四方、アップリケ・タブ・留め布用革20cm四方、接着芯40×25cm、4cm幅パイピング布10×20cm、4cm幅合皮バイアステープ50cm、1.5cm径ボタン1個、1.5cm径マジックテープ、カラビナフック1個、好みの飾り。

☆全て裁ち切り

1 各パーツを作ります

〈前ポケット〉

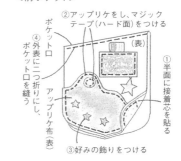

〈後ろポケット〉

〈留め布〉

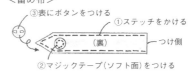

138

p.66

ネームホルダー兼名刺入れ

Chapter 5

136
137
138

でき上がりサイズ （本体）約縦10×横11cm

材料 本体表布・ひも・タブ25×50cm、ふた・裏布30cm四方、接着芯30×20cm、ポケット用透明シート10cm四方、1cm幅テープ5cm、1.2cm径ドットボタン1組、2cm径丸カン1個、1.2cm幅ナスカン1個。

☆縫い代は指定以外1cmつける

1 各パーツを作ります

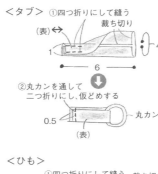

2 表布を作ります

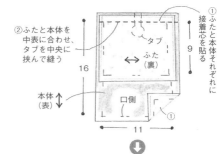

2 本体を作ります

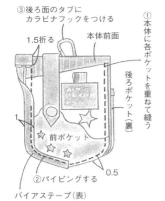

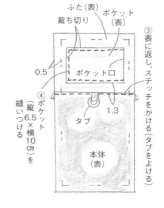

3 まとめます

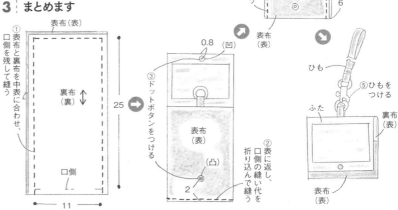

139

p.66

マグネットポケット

でき上がりサイズ （小）約縦10×横11cm
（大）約縦14×横15cm

材料 前面15×20cm、後ろ面15×20cm、ポケット用ビニール15cm四方、接着芯15cm四方、好みの飾り、1.3cm径マグネット2個。

1 ポケットを作ります

☆全て裁ち切り
※〔 〕内の数字は、大の寸法

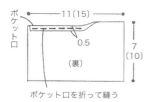

2 本体を作り、まとめます

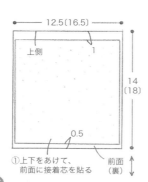

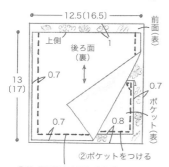

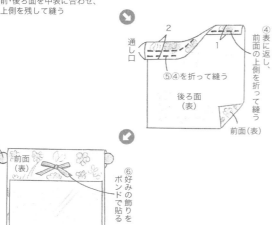

140

p.67

実物大型紙 D面

しゅわしゅわドリンクの
スマホショルダー

でき上がりサイズ 約縦16×横10cm、まち幅約4cm

材料 本体・飾り布B・タブ布用PVC25×40cm、飾り布A用合皮20×15cm、0.7cm幅Dカン2個、0.8cm径カシメ2組、ナスカン付きチェーン。

☆全て裁ち切り

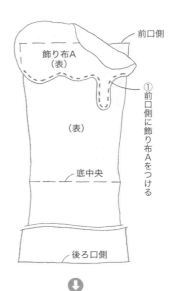

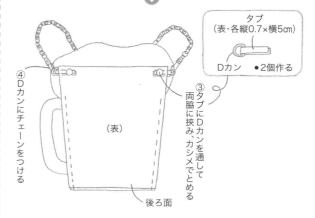

141 / 142
p.67

マスク＆歯ブラシケース

141 マスクケース

でき上がりサイズ　141（閉じた状態）約縦13×横21cm

材料　本体用ラミネート地30×45cm、リボン布・3.6cm幅パイピング布35cm四方、2cm幅レース45cm、1.5cm幅レース50cm、2.5cm幅マジックテープ5cm。
☆全て裁ち切り

●マスクケース

1 リボンを作ります

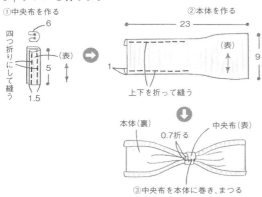

2 本体を作ります

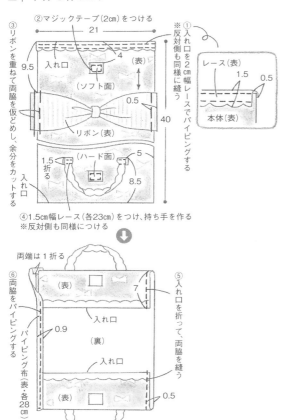

142 歯ブラシケース

でき上がりサイズ　142 約縦5.5×横23cm

材料　本体用ラミネート地30×20cm、4cm幅バイアス布20×15cm、20cmファスナー1本、好みの飾り。

☆縫い代は指定以外1cmつける

●歯ブラシケース

1 ファスナーをつけます

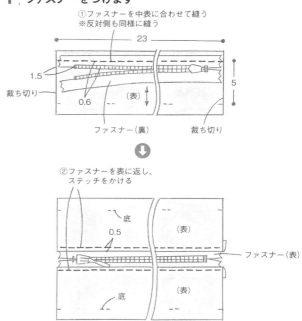

2 底と両脇を縫い、まとめます

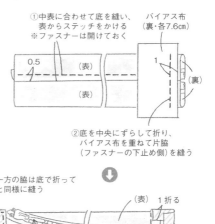

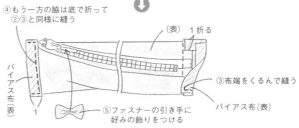

143

p.68
実物大型紙 p.177

フリルポーチ

でき上がりサイズ　約縦10×横12cm、まち幅約3cm

材料　前面表布20cm四方、後ろ面表布A用レース地20cm四方、後ろ面表布B・裏布40×30cm、フリル用チュール35×65cm、接着芯40×20cm、1.5cm幅リボン50cm、14cmファスナー1本。

☆縫い代は指定以外 1cmつける

1. 各パーツを作ります

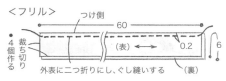

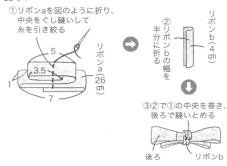

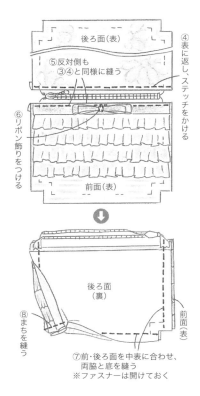

2. 表袋と裏袋を作ります

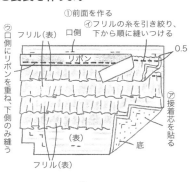

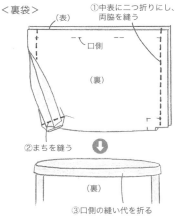

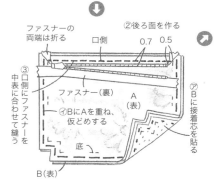

3. まとめます

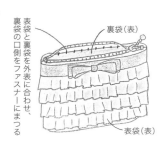

144 p.68 ブレスレットポーチ

でき上がりサイズ　約縦6×横12cm

材料　本体表布用エコファー20×15cm、本体裏布・パイピング布35×20cm、1cm幅合皮テープ20cm、12cmファスナー1本、1cm幅送りカン1個、1cm幅バックル1組、0.6cm径カシメ1組。

☆全て裁ち切り

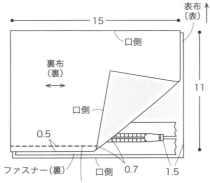

①表布と裏布を中表に合わせ、ファスナーを挟んで縫う
②表に返す

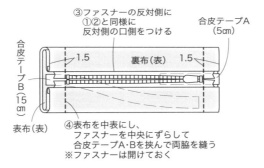

③ファスナーの反対側に①②と同様に反対側の口側をつける
④表布を中表にし、中央にずらして合皮テープA・Bを挟んで両脇を縫う
※ファスナーは開けておく

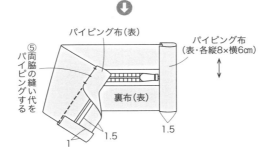

⑤両脇の縫い代をパイピングする

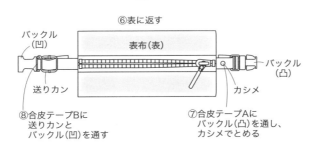

⑥表に返す
⑦合皮テープAにバックル(凸)を通し、カシメでとめる
⑧合皮テープBに送りカンとバックル(凹)を通す

145

p.69
実物大型紙 p.183

インド刺しゅうリボンのポーチ

でき上がりサイズ　約縦12.5×横16.5cm

材料　表布45×25cm、裏布45×20cm、接着芯45×20cm、5cm幅リボン20cm、16cmファスナー1本。

☆縫い代は1cmつける

1　表布を作ります

〈前面〉

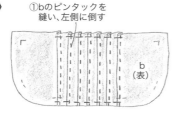
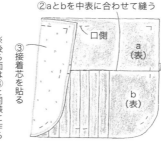

2　本体を作り、まとめます

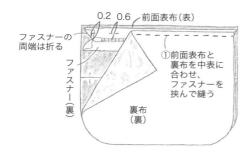

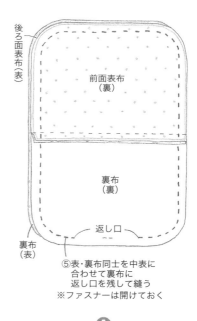

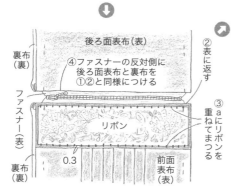

146 p.69 レディな巾着バッグ

でき上がりサイズ　約縦35×横28cm、まち幅約10cm

材料　本体用チュールレース地102cm幅×45cm、2.4cm幅リボン85cm、1.8cm幅ブレード80cm、0.8cm径ひも2m。

☆全て裁ち切り

1 持ち手を作ります

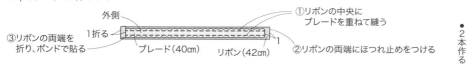

2 本体を作り、まとめます

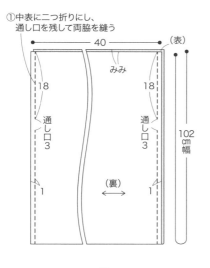

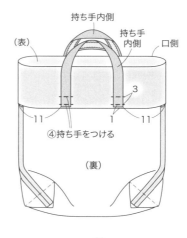

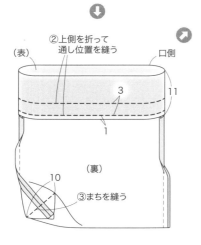

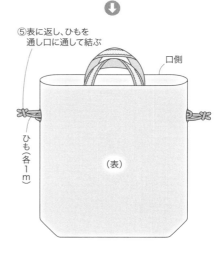

147
p.70

フリースクリーナー

でき上がりサイズ　約縦16×横12cm

材料　本体用フリース20×40cm、ポケット表布20cm四方、ポケット裏布20cm四方、接着芯20×40cm、好みのレース・タグ。

☆縫い代は1cmつける

1 ポケットを作ります

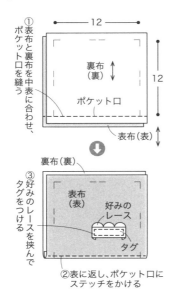

2 本体を作り、まとめます

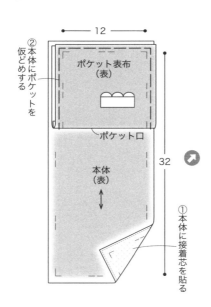

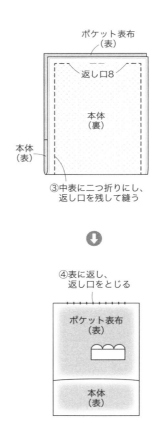

148
p.70

ボア生地の
ハンドウォーマー

Chapter 5

147
148

でき上がりサイズ　約縦23×横11cm

材料　表布用ニット55×30cm、裏布用ボア55×30cm、1.5cm幅ゴムテープ45cm。

☆縫い代は1cmつける

①周囲に縁かがりミシンをかける
※裏布は同寸に裁ち、同様に作る

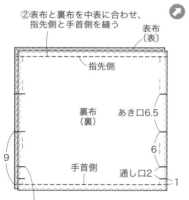

②表布と裏布を中表に合わせ、指先側と手首側を縫う
③表・裏布の両脇に合い印をつける
（表布は通し口の合い印はなし）

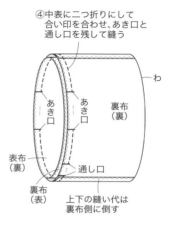

④中表に二つ折りにして合い印を合わせ、あき口と通し口を残して縫う

上下の縫い代は裏布側に倒す

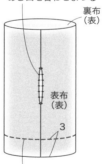

⑤表に返し、表布と裏布のあき口を合わせまつる

⑥通し位置を1周縫う
⑦裏布の通し口からゴムテープ（22cm）を通し、両端を重ねて縫う
⑧指先側を好みの幅で折り返す

※もう1個作る

150
p.70
実物大型紙 D面

チェック柄の ルームシューズ

149 は 150 と同様に作る

でき上がりサイズ　149（大）約28cm、150（小）約26cm

材料　（小）甲表布用ウール地55×30cm、外底35cm四方、甲裏布・内底60cm四方、滑り止め布用合皮20×15cm、接着キルト芯90×60cm、タグ2枚。

☆縫い代は指定以外1cmつける

1 底を作ります

〈外底〉

① 接着キルト芯を2枚貼る

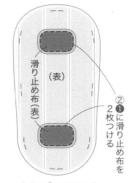
② ①に滑り止め布を2枚つける

※内底は❶と同様に作る（接着キルト芯は1枚）

2 甲を作ります

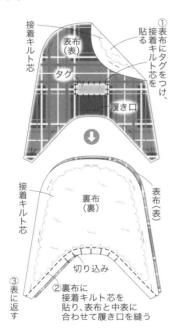
① 表布にタグをつけ、接着キルト芯を貼る
② 裏布に接着キルト芯を貼り、表布と中表に合わせて履き口を縫う
③ 表に返す

3 まとめます

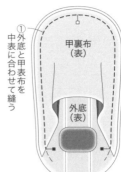
① 外底と甲表布を中表に合わせて縫う

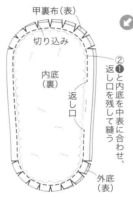
② ①と内底を中表に合わせ、返し口を残して縫う

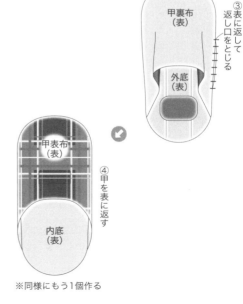
③ 表に返して返し口をとじる
④ 甲を表に返す

※同様にもう1個作る

69
p.36
実物大型紙 p.176

リンゴのコースター

でき上がりサイズ　約縦8.5×横12cm

材料　表布20×15cm、裏布20×15cm、ヘタ用0.1cm厚革10cm四方、接着キルト芯20×15cm、1.5cm幅チロルテープ5cm。

☆縫い代は指定以外0.5cmつける

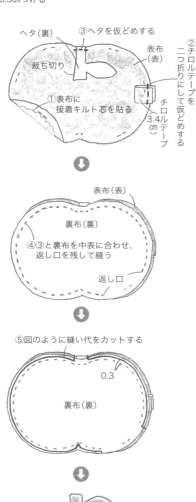

71
p.37
実物大型紙 A面

テトラ型の鍋つかみ

でき上がりサイズ　約縦7.5×横8cm

材料　表布25×15cm、裏布用キルティング地25×15cm、0.5cm幅レース15cm、25番刺しゅう糸。

☆縫い代は指定以外0.7cmつける

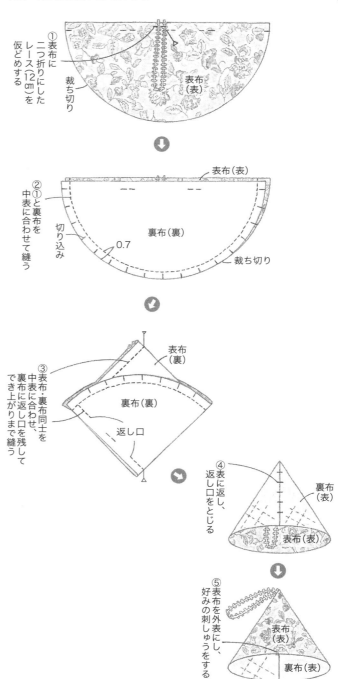

72
p.37

保冷剤ポケット付き お弁当ベルト

でき上がりサイズ　約縦11×横10cm

材料　本体a15×25cm、本体b15cm四方、2cm幅ゴムテープ25cm。

☆縫い代は指定以外1cmつける

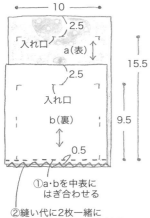

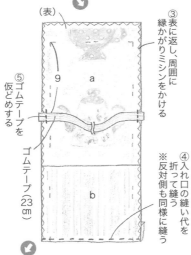

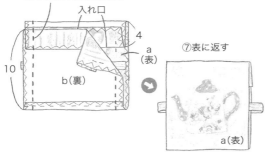

73
p.37
実物大型紙
p.175

春色のフラワーベース

でき上がりサイズ　約底直径4×高さ8cm

材料　口布15cm四方、側面a・側面d20×10cm、側面c・底20×10cm、側面b10cm四方、厚手接着芯20×15cm、0.9cm幅リボン20cm、モチーフレース、底直径2cm×高さ6cmガラスボトル、厚紙、わた。

☆縫い代は指定以外0.5cmつける

1　各パーツを作ります

〈側面〉

①前面を作る

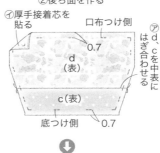

②後ろ面を作る

③前面と後ろ面を中表に合わせて両脇を縫う

〈底〉

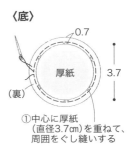

①中心に厚紙（直径3.7cm）を重ねて、周囲をぐし縫いする

②①の糸を引き絞って、縫い代を折る

〈口布〉

①2枚に厚手接着芯を貼る

②2枚を中表に合わせて両脇を縫う

74 どうぶつ柄の印鑑ケース

p.38
実物大型紙 D面

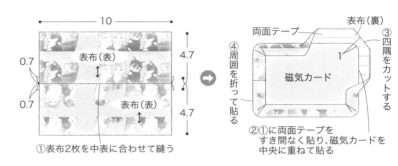

でき上がりサイズ　約縦3×横8.5cm

材料　表布・飾り布20×15cm、裏布用ラミネート地15×10cm、接着芯5cm四方、磁気カード、ボールチェーン、8.5cm幅×高さ3cmカン付き口金、2.2cm径朱肉ケース、紙ひも。

☆全て裁ち切り

1 本体を作ります

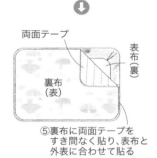

2 まとめます

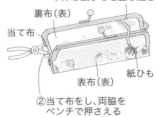

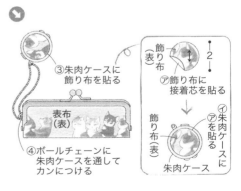

超簡単小物
72
73
74

2 本体を作ります

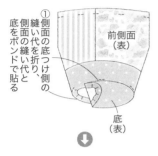

3 まとめます

75
p.38
実物大型紙
p.175

豆がま口のコインケース

でき上がりサイズ　約縦4×横3.5cm

材料　表布10×15cm、裏布用合皮10×15cm、磁気カード、白い紙、ボールチェーン、4cm幅×高さ3.7cmカン付き口金、紙ひも。

☆折り代は指定以外0.5cmつける

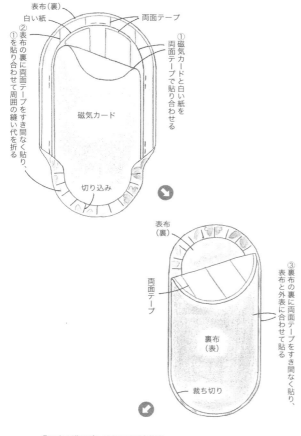

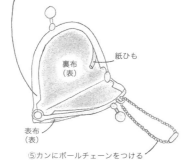

99 / 100
p.50

畳縁のヘアリボン＆コインケース

でき上がりサイズ　99（閉じた状態）約縦8.5×横8cm

材料　本体用8cm幅畳縁40cm、1cm径ドットボタン1組。

☆全て裁ち切り

●コインケース

1　本体を作ります

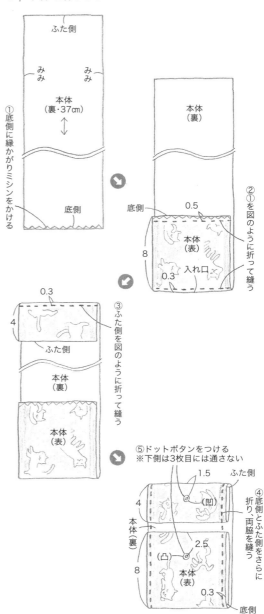

でき上がりサイズ　100（本体）約縦6×横11cm

材料　本体・中央布用8cm幅畳縁30cm、5.5cm径リングゴム。

● ヘアリボン　☆全て裁ち切り

1 本体を作ります

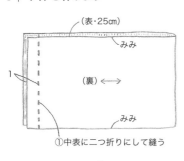

2 中央布を作ります

3 まとめます

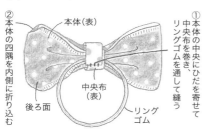

97
p.50
実物大型紙
p.168

チョウチョとリボンと
お花のヘアゴム（リボン）

超簡単小物
75
97
99
100

でき上がりサイズ　約縦4×横9cm

材料　本体大20cm四方、本体小・中央布15cm四方、5cm径リングゴム。

☆縫い代は指定以外0.5cmつける

1 各パーツを作ります

〈本体大〉

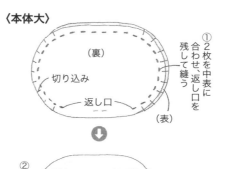

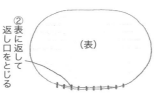

〈本体小〉

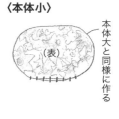

〈中央布〉

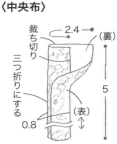

2 まとめます

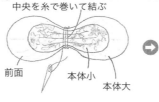

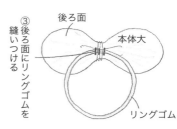

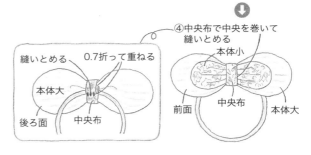

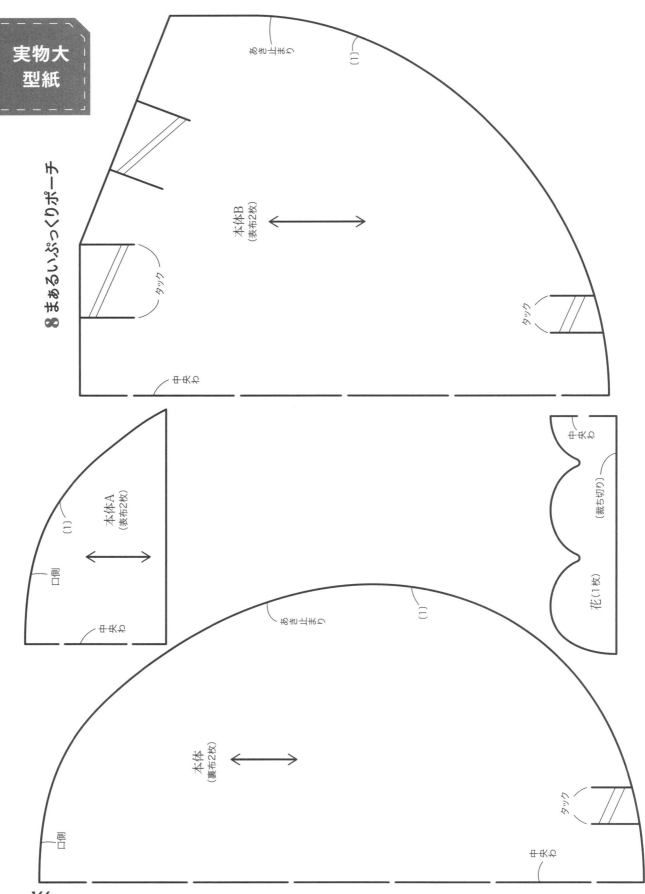

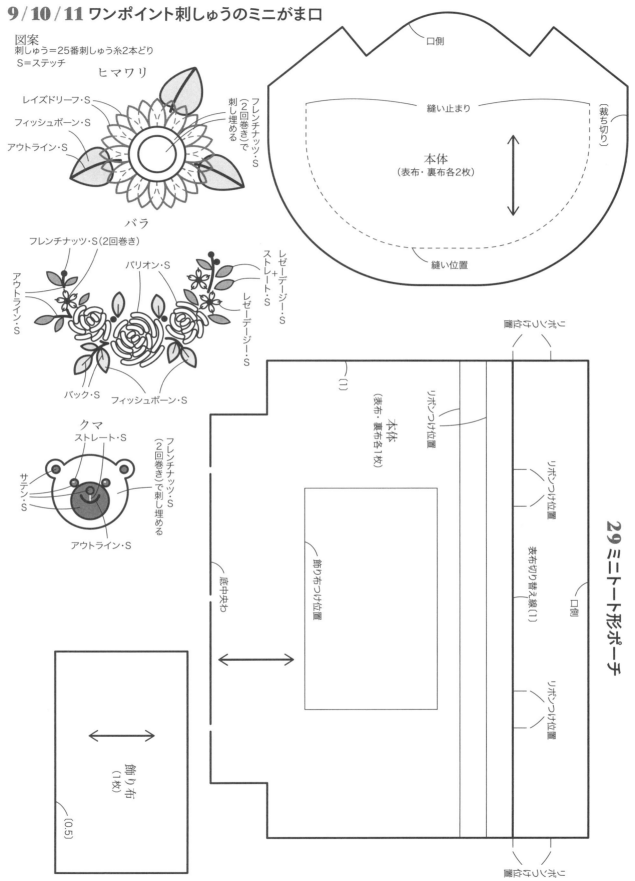

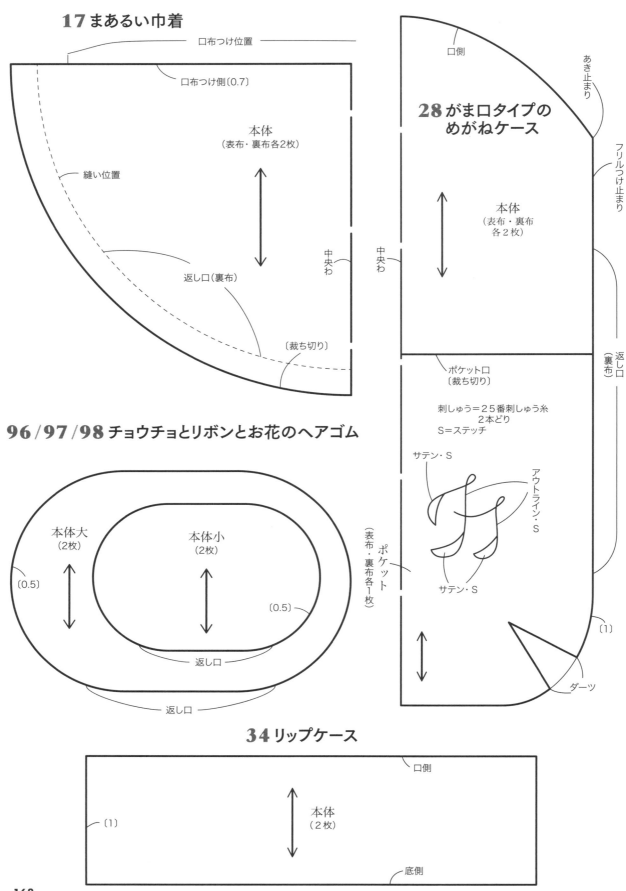

19/20 リバーシブルの巾着

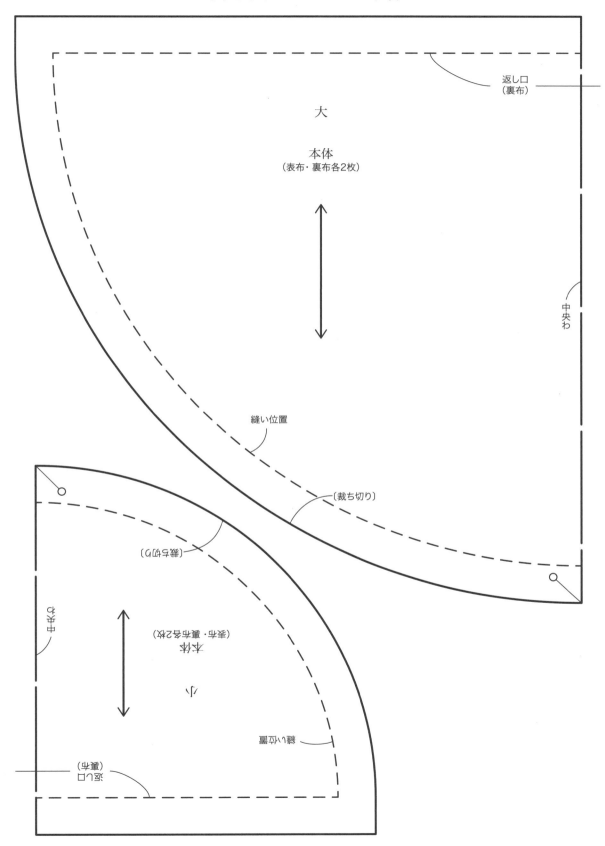

30 ミニウォレット

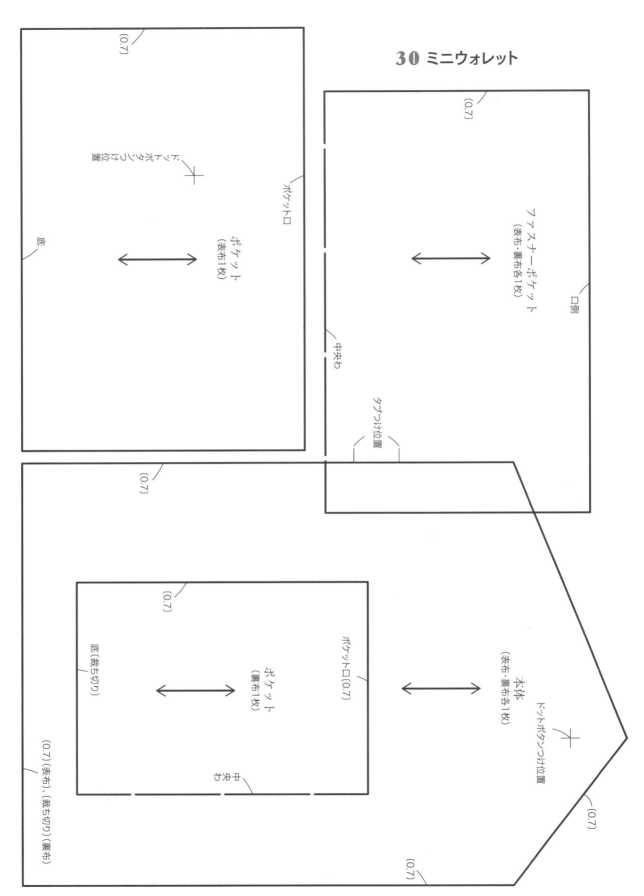

31 ラミネートポーチ

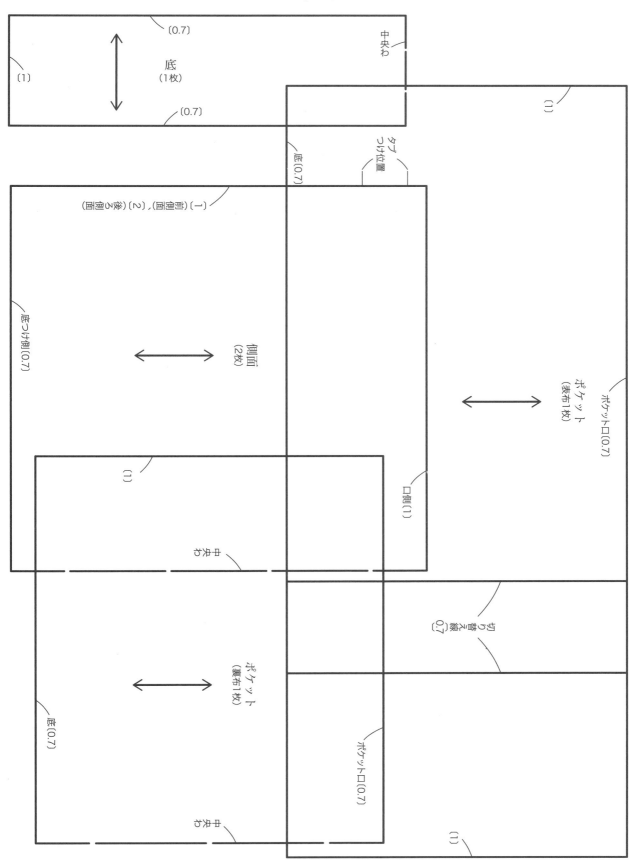

35/36 フリルのバネポーチ

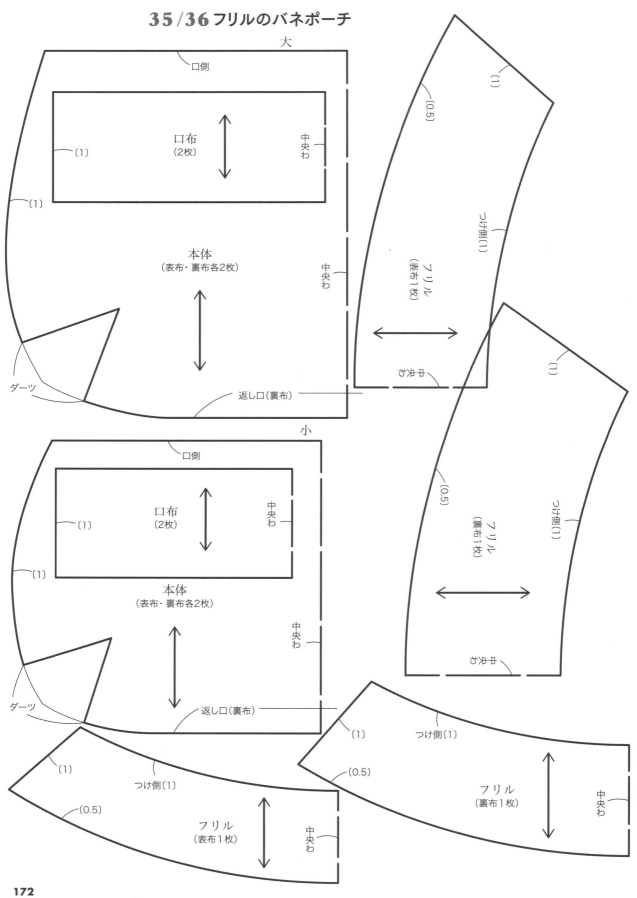

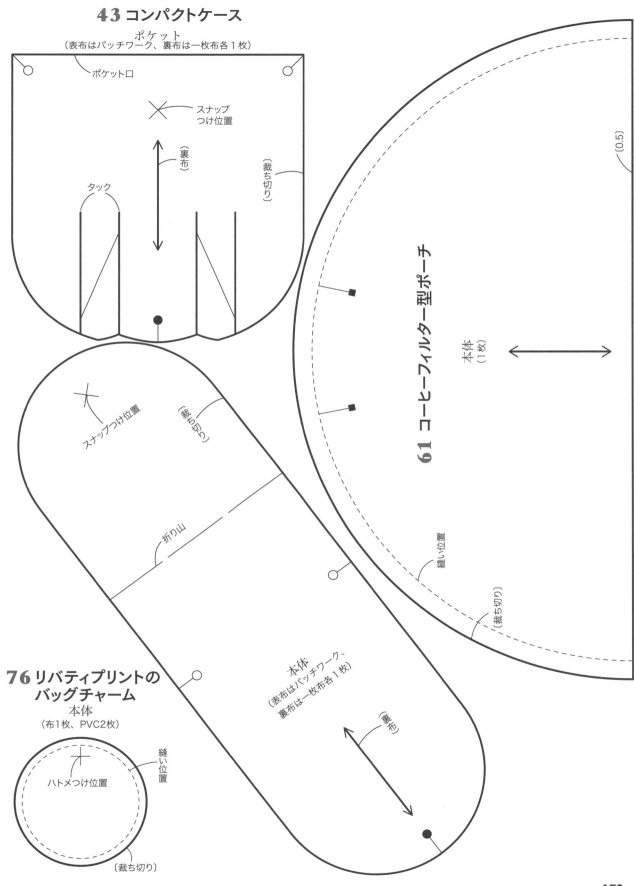

135 ボストンBAG風ペンケース

46/47/48 フラップポーチ3種

中央わ (1)

まち
(表布・裏布各2枚)
中央わ
中央わ (1)

側面
(表布・裏布各1枚)
(1)

返し口

中サイズ
フラップ
(1枚)

底中央わ
テープつけ位置

小サイズ
フラップ
(1枚)
中央わ (1)
返し口

中央わ

大サイズ
フラップ
(1枚)
返し口
(1)

104 ダリアのブローチ

本体
(2枚)

切り込み(後ろ面)

(裁ち切り)

50 台形のmini手提げ

持ち手つけ位置

返し口

口側

前面
(表布はパッチワーク、裏布は一枚布各1枚)

後ろ面
(表布・裏布各1枚)

テープつけ位置(右側)

底つけ側(0.7)

中央わ

73 春色のフラワーベース

(0.5)

切り替え線(0.5)

前面切り替え線(0.5)

口布つけ側(0.7)

側面
(2枚)

(0.5)

(0.5)

つけ側(0.7)

口布
(2枚)

口側(0.7)

(0.5)

(1)

75 豆がま口のコインケース

本体
(表布・裏布各1枚)

(0.5)(表布)

(裁ち切り)(裏布)

175

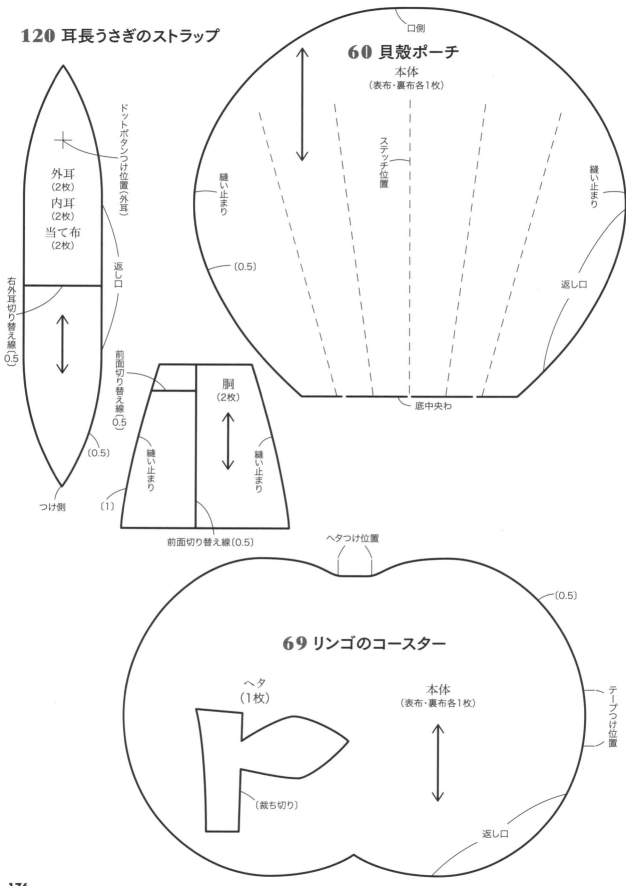

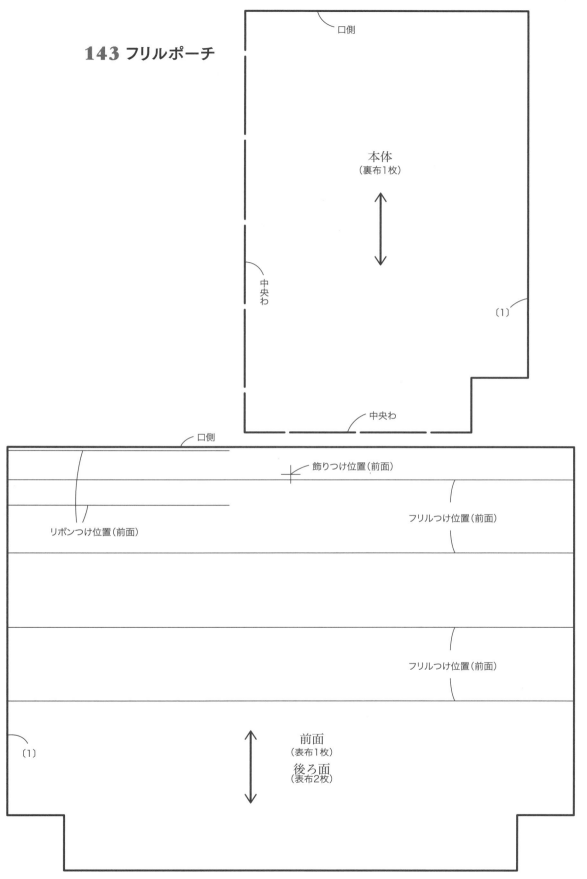

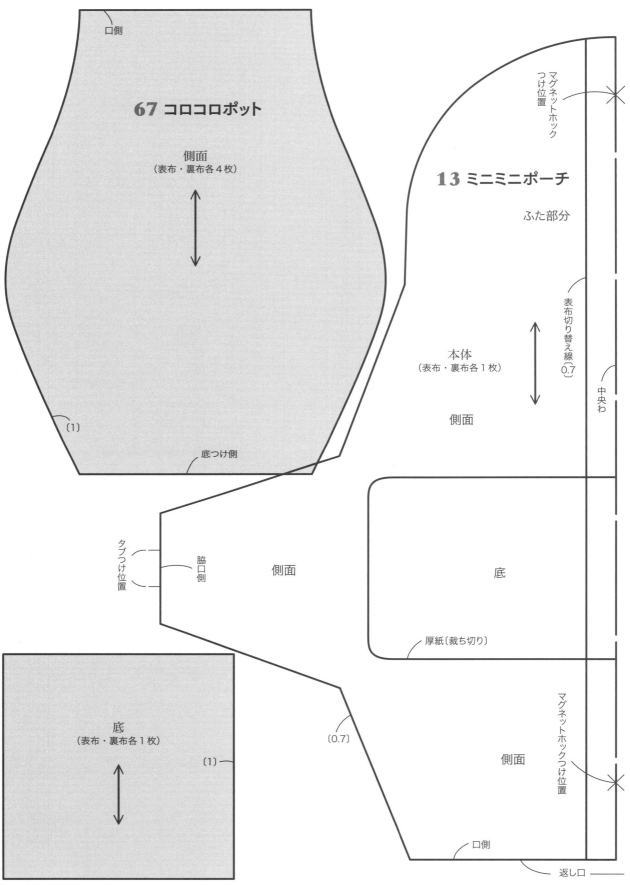

63/64/65/66 4タイプのポーチ

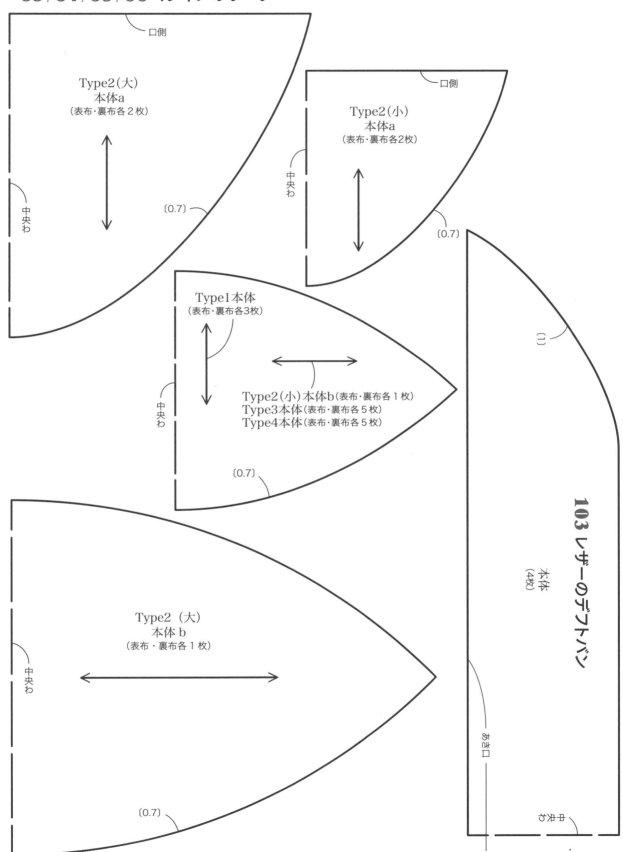

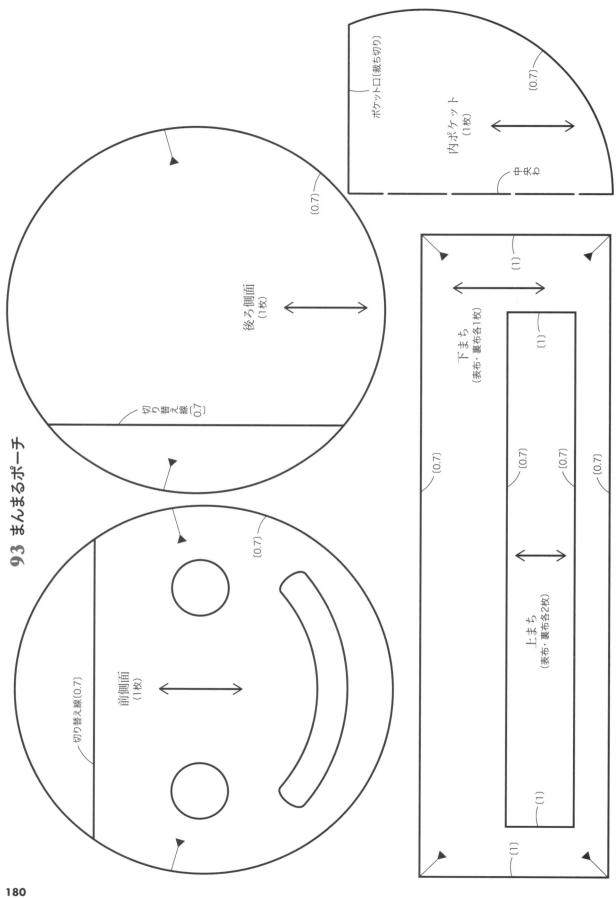

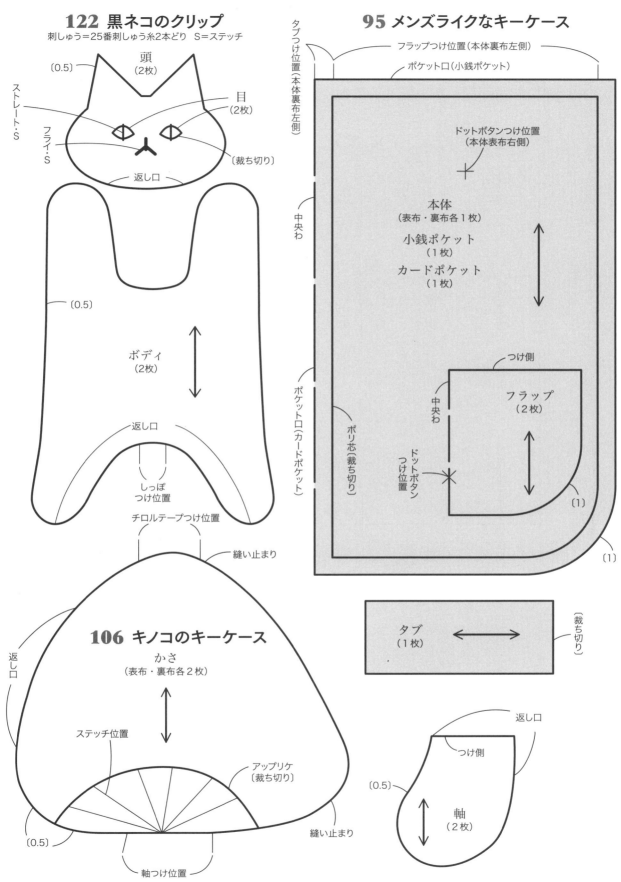

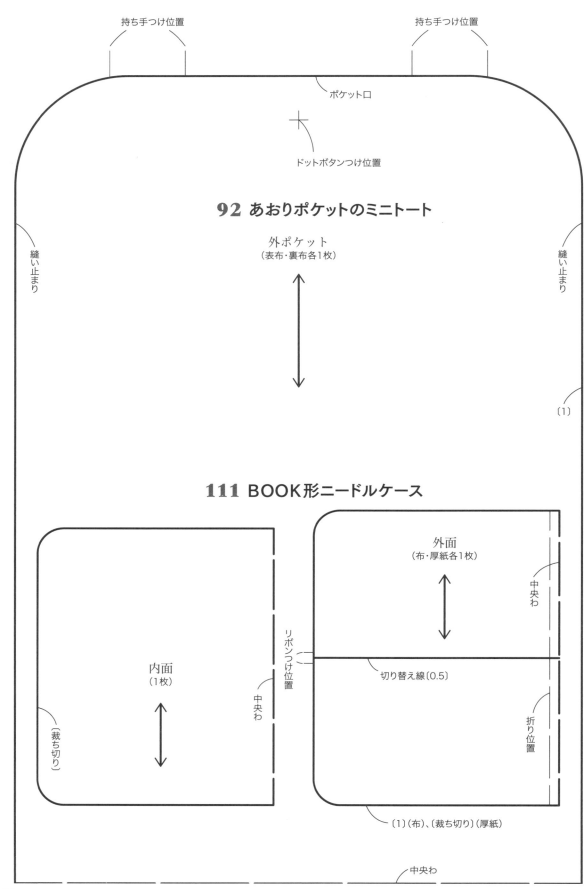

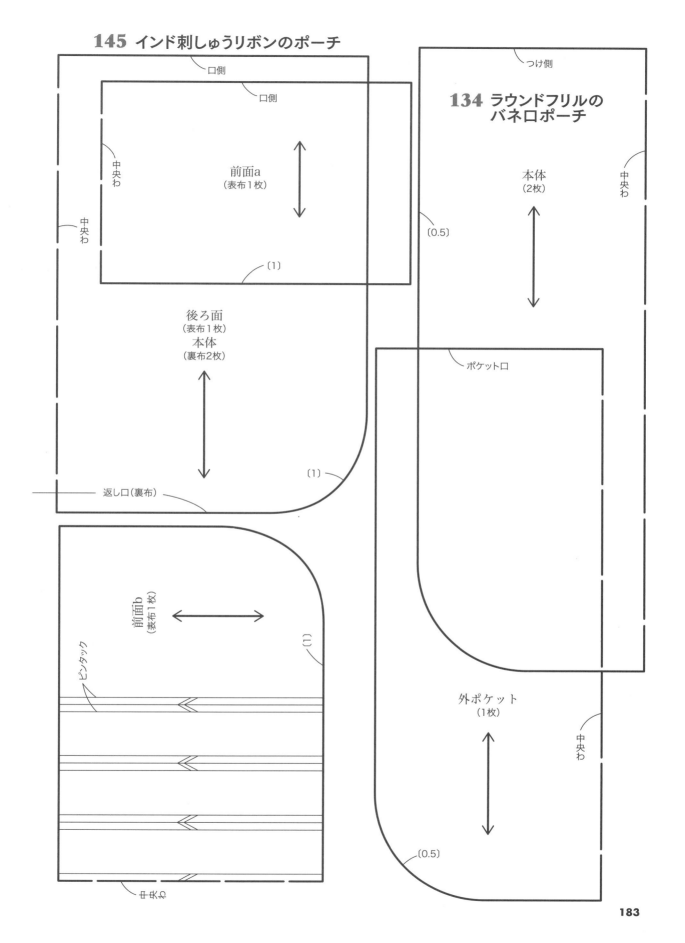

ハンドメイド販売のルール Q&A

ハンドメイド販売をするときに守るべき大事なルールです。販売前に、しっかり理解しておいてください。

Q 「著作権」ってどういうもの?

A 著作権とは「知的財産権」のひとつで、著作物を保護するため、著作物を創作した著作者(≒作品を作った人)に法律によって与えられる権利のことです。そもそも「著作物」とは、思想や感情を創作的に表現したもので、文芸、学術、美術、音楽の範囲に属するもの(たとえば小説、音楽、絵画、アニメ、漫画、映画など)が、これに該当します。

著作者の権利を守ることで秩序を保ち、文化全体を発展させることがこの法の目的であり、ハンドメイド作品もこの「著作権」の対象となり得ます。

注記:「ハンドメイド作品」が著作権の対象になるか否かは、ハンドメイド作品の創作性の高さによる。たとえば、ありふれたデザインの作品には著作権が生じない可能性も高い。

Q どういうことをすると「権利侵害」になる?

A 権利者に無断で「著作物」を複製したり模倣したりすると、著作権侵害となる可能性があります。ハンドメイドで注意すべき例としては、本などに掲載されている作品を模倣して販売・発表することなどが「著作権侵害」の可能性に当たります。

そのほかにも、キャラクターがプリントされた生地を無断で使用して販売したり、ブランドロゴやキャラクター名など商標登録されているものを無断で使用することも、「商標権侵害」や「著作権侵害」に当たる可能性があるので注意が必要です。

Q 「商用OK」であれば作って販売していい?

A 「商用利用を禁ずる」の記載がある書籍や雑誌は、基本的に個人として作って楽しむことが前提で、営利目的の有無にかかわらず、販売や商品化はできません。ですが「商用利用可」としているものに関しては、作って販売することが可能です。また「著作権フリー」とされている画像等に関しては、基本的に権利者があらかじめ商用利用に同意していると解されますので、自由に利用できます。ただし、利用に当たって一定の条件付きとなっていたり、販売や利用の態様によっては一部禁止事項があるケースも。いずれの場合も記載された条件を確認して、指示にきちんと従うことが必要です。

布や副資材などの材料についても、特にデザイン性の高い材料を使う場合には、商用利用できるかどうかの条件をひとつずつ確認することが、トラブル回避では大切です。

Q 「オリジナル作品」とはどういうもの?

A ハンドメイド販売をしていい作品は、オリジナルであることが前提です。ただし必ずしも、「まったくのゼロから、今までなかった新しいものを作り出さねばならない」ということではありません。

一般的な基本技術を用いつつ、既存のデザインやアイデア、素材や技法を組み合わせ、そこに自分のアイデアや新しい付加価値を加えたものも、オリジナル作品であると言えます。ただし、既存のデザイン等を使う場合、無断で使うと他者の権利を侵害しないか、注意が必要です。「これはオリジナル作品だろうか?」と迷った場合は、自分らしい視点やオリジナリティが加わっているかを、問い直してみるといいでしょう。

注記:オリジナル作品と言える場合であっても、もともとのデザインが残っているような場合には、著作権侵害に該当する可能性があり、「オリジナル作品と言えるかどうか」は、著作権侵害の成否と必ずしもリンクしない。

監修/彈塚寛之(弁護士)

【商用OK!】布こものレシピ150
実物大型紙つき

編 者　主婦と生活社
編集人　石田由美
発行人　殿塚郁夫
発行所　株式会社主婦と生活社
　　　　〒104-8357　東京都中央区京橋3-5-7
　　　　https://www.shufu.co.jp
　　　　編集部　TEL 03-3563-5361
　　　　　　　　FAX 03-3563-0528
　　　　販売部　TEL 03-3563-5121
　　　　生産部　TEL 03-3563-5125
製版所　東京カラーフォト・プロセス株式会社
印刷所　TOPPANクロレ株式会社
製本所　共同製本株式会社

ISBN978-4-391-16280-6

Staff
●構成　伊藤洋美　●デザイン　ohmae-d（中川 純　福地玲歩　浜田美緒）
●型紙配置　北川恵子　●校閲　K.I.A　●編集担当　池田直子
Special Thanks
『コットンタイム』の制作にかかわってくださった、カメラマン、ライター、スタイリスト、製図スタッフ、イラストレーターのみなさま
委託販売店アクロ（p.7下、p.14上、p.23上、p.33上）

本書は『コットンタイム』No.140〜171に掲載したページを厳選し、再編集したものです。

十分に気をつけながら造本しておりますが、万一、乱丁・落丁の場合は、お買い求めになった書店か、小社生産部へご連絡ください。お取り替えいたします。

Ⓡ本書を無断で複写複製(電子化を含む)することは、著作権法上の例外を除き、禁じられています。本書をコピーされる場合は、事前に日本複製権センター(JRRC)の許諾を受けてください。また、本書を代行業者などの第三者に依頼してスキャンやデジタル化をすることは、たとえ個人や家庭内の利用であっても一切認められておりません。
JRRC(https://jrrc.or.jp)　eメール：jrrc_info@jrrc.or.jp　TEL03-6809-1281)

©SHUFU TO SEIKATSU SHA 2024 Printed in Japan